XEQUE
(Ensaio sobre a existência)

Eduardo Minc

XEQUE
(ENSAIO SOBRE A EXISTÊNCIA)

1ª Edição
POD

KBR
Petrópolis
2015

Coordenação editorial **Noga Sklar**
Editoração **KBR**
Capa **KBR**
Imagem da capa **"Let's play chess", óleo sobre tela de Jacek Lipowczan (s.d.)**

ISBN: 978-85-8180-413-2

KBR Editora Digital Ltda.
www.kbrdigital.com.br
www.facebook.com/kbrdigital
atendimento@kbrdigital.com.br
55|21|3942.4440

LCO010000 - Crônicas

Eduardo Minc é escritor desde menino, quando escrevia poemas despretensiosos, mas que achava o máximo. Aos 18 teve certeza de que queria ser jornalista, cobrir guerras e se aventurar. Para a *Revista Geográfica Universal* escalou, fez *trekking* e matérias perigosas sobre garimpo no interior do país. Trabalhou em revistas de "celebridade" e se dedicou a escrever sobre comportamento, ainda que sob o viés da cultura e do esporte. Escrever é uma pulsão genuína, como fazer esportes, pintar, ler, viajar, meditar. Viver perigosamente ou criar raízes: eis o dilema deste canceriano que já morou em Blumenau e Maringá e trabalhou até em Moscou, como enviado do COB.

E-mail: edu_minc@hotmail.com

Sumário

De frente com Gabi

Gabi chegou até um pouco mais cedo do que o previsto. Júlio mal tinha acabado de pôr no gelo o vinho alemão barato, repleto de consoantes, mas que nunca, literalmente, o tinha deixado na mão. Na mão direita, para ser mais preciso.

Não fosse o perfume exagerado ter anunciado sua presença com uns 20 segundos de antecedência, numa espécie de névoa de gosto duvidoso, teria primado pela descrição. Tudo conforme o rapazola tinha contratado num site de *escort girls* de "alto nível". Explico: mulheres do tipo exuberante, prometendo te livrar das crises mundanas em duas horas, por aproximadamente 350 reais, incluindo o táxi e o prazer garantido.

Não, meus caros. Não tenho esse dinheiro todo, mas, por outro lado, evitei o arrependimento que viria depois. Quem me contou a história foi aquele amigo do rapaz do "Altas Horas", isso, aquele que sempre diz que um primo ou irmão mais novo pediu pra tirar a tal dúvida com a sexóloga que frequenta o programa nas madrugadas de sábado.

Podia ser Antonella, Alessandra, Juju Morenaça, Larissa, Paulinha Gaúcha, Jasmim, Mineira Namoradeira etc. Não faria diferença. Para bom gourmet, ou *gourmand* — um dos dois prima pela quantidade, eis a diferença —, o que vale é compactuar com promessas sensoriais durante 120 minutos inteiros. Por apenas 350 reais. Isso, se não for aos domingos, quando o táxi cobra bandeira dois, mesmo que a suposta beldade só precise atravessar a rua.

Acredite: elas sempre vêm da Barra da Tijuca, com sorte, uma sarada, universitária, que fala três idiomas, inclusive o português, não erra nos "menas" e promete, repito, te fazer esquecer as aporrinhações da vida.

Júlio empurrou os jornais acumulados devidamente amassados para dentro do quarto sem empregada, e ocultou devidamente a louça suja, ainda com a raspa dos "ovos mexidos, mistura e manda" do dia anterior, no forno que acende com o dedo. Assim como Gabi prometera acendê-lo só de tocá-lo com os dedos.

A campainha tocou, uma, duas vezes. A essa altura, digo, 1,78m aproximadamente, o rapaz se apressou em atender. Para agradável surpresa dos dois, ela era atriz, estava no segundo ano da CAL e já havia feito uma ponta numa peça do Wolf Maya. Sorriu para ele, que piscou o olho preto, ajeitou a gola da camisa de *rugby* com uma letra no peito e pediu para a moça entrar.

Ela lhe fez elogios, disse que ele era um cara bem bonito. A "encomenda" veio direitinho como Júlio (o amigo do amigo do amigo) tinha pedido: nada de calabresa e com roupas discretas, tipo namoradinha que a mamãe gosta. Ele não gostava muito de curtir no Facebook nem tampouco de tons de cinza. Sandália de dedo com unhas vermelhas descascadas então, nem pensar!

Gabi era realmente o que se podia chamar de uma puta de palavra. Daquelas com quem, se não perdesse uma hora filosofando sobre como tirar a mulher da vida, Júlio poderia tentar uma aproximação *fake* das mais promissoras. Tudo num espaço de duas horas, por 350 reais, incluindo o táxi.

Educado, Júlio perdeu os 20 minutos de praxe mimando a universitária, malhadora contumaz de uma academia de ginástica da cidade. Gabi não cobrou adiantado, apesar de o dinheiro — *cash*, três notas de cem, duas de 20 e uma de dez — estar debaixo de um cinzeiro com uma ilustração dos bigodes de Dali.

Júlio era um facilitador. Um cara realmente do caralho, como poucos hoje em dia, mais: um gentleman, que sabia como poucos tratar uma puta com respeito. Caso, é claro, estivesse necessitado dos serviços dela... caso contrário, se contentava com um yakisoba de legumes do China in Box perto de sua casa.

O ar estava abafado, o ventilador tinha recém quebrado. Mas uma puta que se preze não reclama, não discute, não arruma problemas. Elas até costumam ter o melhor falso orgasmo do planeta, e por isso Júlio precisava delas, embora não com frequência — quando, por exemplo, a asma não dava indícios de querer melhorar, não sei o porquê de tal associação, vá entender a humanidade...

Quando tudo já estava indicando que a realidade se renderia, Gabi disse que só não fazia sexo anal. E não beijava na boca. Como era um sujeito bacana, coisa que até o leitor mais desatento deve estar sabendo, Júlio nem fazia questão de sexo anal... mas não abriria mão de chupá-la e beijar na boca, não necessariamente nessa ordem, e especialmente o beijo na boca, porque era ali que tudo começava. O resto nunca passara de poesia de escritores feiosos, com bafo de cachaça fiada.

— Mas você não disse que fazia tudo, ô Gabi?

— E faço, mas beijo na boca... só o meu namorado.

— Mas jura que o resto cê faz tudo mesmo?

— Claro, meu gostoso.

Júlio vestiu a cueca branca do *Black Friday*, foi até a cozinha, pegou um balde, dois panos, quatro frascos de detergente pela metade, e um Pato Purific.

Com olhar espantado e com cara de pouco gozo, Gabi perguntou:

— Mas o que é isso, goxstoso?

— Quanto tempo ainda temos?

— Acho que uns 54, 38 segundos — disse Gabi, olhando para seu cronômetro Android 3x8y mega plus. No que Júlio completou:

— Então pega isso aqui — apontando para o balde e seus agregados — e limpa o banheiro. Quando acabar, é só bater a porta. Ah, e passa a chave por baixo. Valeu pelos serviços, Gabi.

— De nada, Dotô Júlio, de nada...

Santiago, um homem honesto

Que me lembre, Santiago, personagem central do livro *O Velho e o Mar*, de Ernest Hemingway, reúne qualidades difíceis de se encontrar num homem só.

Antes de mais nada, o pescador é honesto consigo mesmo, aceitando e oferecendo o que o destino lhe dá; o que não é muito, se encararmos o personagem com os olhos do século XXI, sorte nossa que a literatura não só é universal, como é atemporal. São características que tornam os Santiago com quem esbarramos pela frente como homens puros, honestos com sua própria singeleza e, sobretudo, donos de uma sabedoria rara, senão única.

Santiago não é iconoclasta, nem hedonista, nem niilista e nem é de oposição. O pescador de Hemingway não é tão sofisticado quanto alguns de nós. Mas ele sabe sofrer sozinho, no seu canto. Não se martiriza em conjunto, usando ferramentas modernas, que seriam sucata em seis meses.

Santiago é puro como uma limonada numa garganta seca. O que teria esse personagem de mais, então, ora bolas? Acredito que é a qualidade do saber, que hoje temos ânsia de procurar, uma vez que a intelectualidade em excesso já não presta lá para muitas coisas neste mundo. Ok, serve para se sair bem numa entrevista de emprego, para ser um bom vigarista ou conversador casanovista, falar frases lindas só pra tirar a calcinha dela.

Não. O pescador, o pobre pescador, apenas luta contra um tubarão que pesca e que vai sendo devorado por outros peixes, antes que ele retornasse à praia, onde Santiago chega apenas com a carcaça de um enorme tubarão. Aliados que foram, o pescador deixa escapar nas entrelinhas um carinho desmesurado pelo bicho valente e temeroso, de barbatana nas costas.

Santiago é um gentleman na vida, e é aí que reside sua sabedoria. Faz de um oponente seu aliado, para que ambos possam chegar à terra firme. Mas Santiago (o nome é repetido propositadamente) é sobretudo um resiliente, tirando das intempéries o lado bom da simplicidade e da entrega, um pobre homem que, em vez de vociferar contra o destino, chega à praia e vai se deitar em sua palhoça, coberta de jornais velhos e do momento presente. O único que existe, diga-se de passagem.

Muitos anos antes de "As Aventuras de Pi" reproduzirem com tecnologia de estúdios de cinema a aliança entre um menino e um tigre, ambos naufragados, para chegarem vivos em terra firme, Hemingway já tinha escrito essa história, simples e inspiradora, inspiradora porque simples, na verdade.

Existe um menino repleto de boas intenções para com o pescador, mas Santiago não precisa de compaixão. Velho, mas com os músculos enrijecidos, ele não despenca de nenhum pedestal após o quase triunfo de toda uma vida de sardinhas, e, vá lá, alguns peixes maiores e de melhor paladar. A luta que Santiago trava com a natureza, sua pertinácia e resignação diante da inevitável pesca fracassada o tornam até hoje um dos personagens mais singulares da literatura — pelo menos para mim, que ando em busca de trocar uma intelectividade poluente por uma sabedoria simples, quase simplória nos dias de hoje.

Se uma não intervir na outra, já me dou por satisfeito, a sabedoria no lugar da sabedoria e a intelectualidade no lugar que lhe aprouver. E ponto. Sempre admirei e enxerguei Santiago, uma espécie de anti-herói de si mesmo que não se deixa nocautear facilmente, não importa quantos socos no queixo receba. Um sábio. Apenas um sábio.

E, acreditem, isso é mais que muito hoje em dia.

O MEU AVÔ

Vô Oscar morreu resmungando "Dudinho" com seu último suspiro — meu apelido lá em casa e para alguns amigos.

Vovô foi um personagem de uma importância sem precedentes na minha formação, e só há poucos anos percebi isso. Vivemos juntos boas histórias, outras tantas só sei mais ou menos, para ser mais exato teria de perguntar à minha mãe.

Chegou ao Brasil de navio, fugindo da Primeira Guerra Mundial e deixando para trás incontáveis parentes, escondidos ao lado de privadas durante meses enquanto aguardavam uma oportunidade de tentar sorte melhor. Muitos morreram, outros ele nunca soube, outros ainda soube em vão que foram para os Estados Unidos.

Vindo da Romênia, aqui chegando conheceu minha avó, Riva, uma lituana. Aprendeu português sozinho e ainda ensinou a ela. Casaram-se em sete semanas. Parece o início de um romance de aventuras, mas sua vida era pacata e rotineira, exceto pelos altos e baixos de um cotidiano de trabalho duro e dificuldades financeiras.

Mamãe lembra que meu avô, um intelectual daqueles genuínos, tirado de um livro de Machado de Assis, trabalhava dando aulas em casa, e depois de "flanar" pela rua, gastava boa parte do dinheiro em livros que escondia na entrada de casa, para só depois pô-los para dentro. Formou assim uma das bibliotecas particulares mais incríveis com que já me deparei.

Enquanto isso, vovó tinha que trabalhar na rua, vendendo joias de casa em casa — ofício que tem um nome, mas esqueci. O fato é que era assim que boa parte dos judeus daquela época ganhavam dinheiro, economizando tudo que podiam para dar uma vida melhor aos seus descendentes.

Vovô chegou a me ensinar esperanto, tive boas noções desse idioma imaginário. E talvez por não existir mais, eu tenha decidido precocemente parar de estudar. Me introduziu na arte do xadrez; passávamos as tardes juntos, e depois de ouvir boas histórias matutávamos jogando xadrez. Lembro de ter ganho dele apenas uma vez — motivo de comemoração —, empatado outras tantas e perdido a maioria. Enquanto isso, aos solavancos, vovó servia bolinhos de carne no lanche ("você está muito magrinho") ou as impagáveis bananas fritas com açúcar e canela feitas na hora ("muito magrinho", ela repetia).

Li vários livros de xadrez da biblioteca de meu avô. Ele percebeu que eu tinha um certo dom, e conversávamos sobre Capablanca, Bob Fischer e outros grandes nomes.

Vovô sempre me fazia uma surpresa, trazia da rua aqueles sacos com soldadinhos de plástico de forte-apache e eu me esbaldava brincando em sua biblioteca, meus soldadinhos escalando livros como *Atomística*, *Madame Bovary* em japonês e um *Manual de como ser Garçom*, entre centenas de outros, mais enciclopédias completas e tudo o que sua imaginação permitir. Eu adorava me sentar no sofá meio arroxeado — ou verde-musgo, já não me recordo bem — e ver os grãozinhos de poeira dançando sobre o reflexo da persiana enquanto brincava.

Como bom judeu, na festa de Páscoa e outras celebrações religiosas vovô se sentava na cabeceira da mesa e lia as rezas, antes de a família cair matando nos *beigueles* — pastéis de batata tradicionais que se foram junto com minha avó —, frango recheado e *guefilte fish*, entre outras iguarias como o *kuguel* de macarrão e uma espécie de sopa de beterraba, o *borscht*. Depois da ceia, eu e as outras crianças íamos procurar cheques escondidos, espalhados pela casa.

Meu avô era mais ou menos assim. Se mais tarde eu me lembrar de mais coisas, volto aqui e conto.

Philipinho, a lenda

Não tinha jeito. Philipinho sempre se dava bem na turma do futevôlei e de altinho do Posto 6, quando o altinho ainda não era proibido na orla de espuma de coliformes e algas em frente à Miguel Lemos, em Copacabana. Como seus pais eram divorciados, e nunca se lembravam com quem o garoto devia ficar às quartas--feiras, o esguio futuro arquiteto aproveitava os luaus ali mesmo no Arpoador, de onde sempre desaparecia com a mais bonita, antes de distribuírem as baganas e fatias de melancia.

Não vou apresentar o Philipinho, apenas falar o essencial e ponto. Philipinho carregava esse agá no início do nome como quem carrega as amígdalas: desnecessariamente. Não era besta como seu pai, investidor das bolsas Tommy Hilfiger; nem perdulário como sua mãe, a excelentíssima Sra. Do Lar. Criado numa charmosa casa de Parati, tornou-se amigo íntimo de Amir, um viajante libanês, e virou assistente de construção dos barcos que Amir navegava em suas viagens pelo mundo. Como era um cozinheiro de mão cheia, Philipinho também criava receitas diferenciadas de kibes e esfihas para garantir o estoque nas ultramodernas embarcações do libanês solitário.

Philipinho não tinha um alter ego, mas era o alter ego de todo mundo. Era sempre o primeiro a ser escolhido para o time de futebol do Caiçaras. Sabe Deus como, estava sempre tocando A Cor do Som quando ele começava a patinar no Mamão com Açúcar: "A mais bonita... olhou pra mim...", e olha que isso remete aos tempos de "*Bed Rock*". Philipinho fazia *test-drive* com todas as meninas de coxas grossas da faculdade. O esporte do cara era jogar polo em São Paulo, sempre com uma camisa com o jacaré bordado no peito.

Philipinho nunca teve resfriado. Degustava iscas de fígado aos cinco anos de idade, sem que a mãe precisasse cozinhar uma "mistureba" e dizer que era frango. Era flamenguista e um legítimo carioca, e por isso as bichonas, com seus armários nas costas, se apaixonavam por ele, fosse no RS, SP, MG e todas as demais placas de trânsito do país. Ele ia pra coordenação, não se pode negar. Mas sempre saía ileso, subornando a diretora com roupas das Casas Marisa, e o colega é que pegava suspensão.

Enfim, o sujeito era uma espécie de 007, sem aquela chata da Judi Dench mandando nele o tempo todo. E, o mais trágico, era gente boa. Emprestava dinheiro, dava carona, dava bom dia, vinha sempre com uma trilha sonora personalizada e canções inéditas do Coldplay.

Óbvio que as pessoas tentavam, mas não encontravam nada para criticar nem falar mal dele. Era eclético, o rapaz. Ainda fazia luta esportiva, escrevia, lia Lord Byron, mandava flores do campo, meditava, tomava Toddynho antes de rezar. Era gentil, mas sabia falar grosso. Meu Deus, uma pessoa tão complexa assim não poderia existir. Mas existia.

Não fosse um único erro, quase um escorregão, Philipinho teria passado indolor pela vida, sem sentir o vazio existencial e as misérias que todos tentam disfarçar ao nosso redor. Acreditou que era imortal, foi vítima do próprio ego, logo ele, tão boa gente. Morreu atropelado na Avenida Central, como aquela letra de música.

Reza a lenda que até hoje Philipinho não sabe bem onde está... E que nas tardes de pôr do sol aparece sentado na cobertura de um prédio, inconformado por ter sido feliz demais pra ter tempo de pensar que um dia a ilusão lhe daria uma banda, logo quando ele achava que o melhor ainda estava por vir. E o pobre rapaz com um agá sem sentido no meio do nome se foi...

Virou lenda. Hoje ninguém se lembra mais dele.

QUASE

Quando me perguntam sobre os momentos bons, aqueles realmente bons, e os momentos ruins, aqueles realmente ruins, procuro dar um tempinho antes de responder. Um desses últimos fica sempre meio entalado na garganta.

Poucas vezes falei dele, e para pouca gente.

Não que seja nada de especial. Não é. Mas para mim foi uma tragédia, e é até hoje. Ele simboliza o "quase", aquela sensação de que se as coisas acontecessem um pouco aquém ou além do acaso, tudo em nossas vidas poderia tomar um rumo diferente.

E olha que já há algum tempo não trabalho com conjecturas e ilações baratas. Para mim, o "se" e o "mais que perfeito" não passam de areia movediça, armadilhas *a la* Indiana Jones, só servem para autocomiseração, como chibatadas simbólicas em costas que já começam a pedir descanso, especialmente naquele vazio entre a L2 e a L3.

A esta altura do texto, os leitores devem estar pensando que estou me referindo a uma paixão arrebatadora, uma morte fulminante, uma crise financeira sem precedentes, uma goiaba com meia minhoca dentro depois de uma suculenta mordida. Mas, não, não é nada disso. Foi um acontecimento longínquo em minhas lembranças, não fosse eu vítima de uma memória afetiva que desafia até os ponteiros de um relógio suíço, mesmo comprado numa loja chinesa em Genebra.

E, pasmem. Ou deixem o queixo cair e limpem as migalhas da bolacha que caiu entre as frestas do teclado. Não seria nada demais se não fosse... Hum. Deixa eu explicar um pouco melhor, ainda que corra o risco de sentir uma vertigem que faça minha cabeça desabar sobre a tecla delete e mande tudo pros diabos logo de uma vez. Mas será que Freud explica? Ou melhor talvez Melanie Klein, sei lá eu, ora, pá.

Estava com meus 17 anos, na última série do colégio. Vestia uma camiseta verde escrita GIMK, nome da escola, e iria jogar futebol numa olimpíada interna. Não preciso dizer que era o momento mais esperado do ano, tanto para os meninos como para suas respectivas *cheerleaders*. Esqueçamos por ora os boçais juvenis do esporte, que hoje provavelmente são chefes nas repartições em que trabalham, ainda que não passem de pamonhas.

Meu time era forte o suficiente para ganhar fácil, disputar a medalha de ouro. Ainda mais se levarmos em consideração que a equipe adversária entrou com quatro atletas a menos, isso mesmo. Seriam dois tempos de 45 minutos no campo de grama do forte do Leme, no Rio de Janeiro, em que uma equipe forte e completa enfrentaria uma mais fraca e desfalcada de quatro elementos. Perdão, mas é assim que minha memória os vê: quatro jogadores que ocuparam uma ausência, responsáveis por preencher uma lacuna.

Seria um tipo de Alemanha x Brasil na Copa do Mundo (buáá), bem, tinha tudo para ser. Vesti o colete, caí para a ponta direita, e... e... Logo no terceiro minuto de jogo ou coisa que o valha roubei de cabeça uma bola da defesa, caminhei com ela e, na hora em que o goleiro saiu, esbaforido, de carrinho, eis que escolhi o canto, tudo processado em segundos, e a bola foi entrando, entrando, entrando...

E bateu descaprichosamente na trave, de uma maneira que nem pude ter o rebote.

Como estou perdendo a paciência com a minha vista e vida cansadas, a conclusão é que o time se desestabilizou, e perdemos por 4 x 2. Até hoje não me perdoo. E sempre que minha terapeuta me pergunta, digo:

— Tenho medo de ser quase... Eu tenho medo de ser quase.

Xeque
(Ensaio sobre a existência)

Existir não é fácil. *Dexistir* também não. Escrevo de forma antônima, porque *dexistir* me parece uma saída honrosa, não uma fuga qualquer. Nascemos, vivemos e morremos. É isso.

Assim no papel parece simples, mas não é. Definitivamente não. Passar por aqui sem ser maculado por intempéries internas e lavas jorradas por minha mente inquieta exige sabedoria, e sabedoria exige vivência. O que fazer então?

Muitos de nós *dexistem* antes mesmo de começarem a sentir as mazelas da existência, por medo dela. E muitos *dexistem* por excesso de mazelas, o que parece óbvio.

Então, qual o motivo de eu estar aqui às três horas da madrugada traçando linhas sobre um assunto já tão explorado, tão destrinçado? Não há como esgotar tal tema tão perigoso, e o sujeito que o fizer corre sério risco de *dexistir* depois do ponto final. Mas às vezes "existir" deveria vir descrito, hum, não com numa bula, onde as letras são ainda menores que as perspectivas de um pessimista e mais monótonas que uma receita de bolo passada de uma geração para outra sem nenhuma pitada de renovação.

Não raras vezes, o momento seguinte, as horas seguintes e o dia seguinte nos dão a alforria de que tanto precisamos para não mais escrever nem pensar, para nos preocuparmos em apenas viver. O que é diferente de existir. Viver exige arte, inspiração, sintonia corporal e jogo de cintura, charme, um bom bocado de *savoir faire*.

Dexistir é um caminho aparentemente covarde. São poucos passos além da janela ou para acender o gás, e *dexistimos*. Pronto. Acabou o ensaio, terminou a peça num piscar de olhos. Não mais dor, não mais insônia. Não mais a espera de uma hora, de um dia que nunca chega.

Porém, assim como os felinos e animais que vivem num nicho natural, temos medo de temer. Talvez seja por isso que nos mantemos por aqui, trocando incentivos de existência uns com os outros, ainda que nem sempre seja tão divertido assim. Apenas o necessário, suficiente para adiar uma atitude intempestiva logo depois de qualquer temporal.

O cachorro dorme enrolado. E o bule esfria.

Estou divagando, sei bem. Talvez para justificar minha existência, ou para encobrir o nada do momento presente com algo que me impeça de *dexistir* assim, sem que as pessoas saibam que sabedoria e erudição são quase inimigas, rivais, oponentes.

Xeque.

Me aventurei a escrever sobre isso. Apenas uma aventura. Não sairá como não pensei, mas sair há de. De qualquer maneira. Aqui nas letrinhas costumo ir do início ao fim, sem me preocupar demais. E isso é apenas uma conjectura.

Amanhã, se eu não *dexistir*, seja por que motivos for, o sol pode vir balançar as poeirinhas da minha cachola, me dando falsas bengalas para prosseguir. Por isso a urgência de terminar este texto, já que a dúvida entre a existência e seu *dexistir* me provocam urticárias e chagas.

Agora. Neste exato momento. Que agora já passou, já ficou no início da frase.

A vida é uma colcha de retalhos de agoras. E lembrando disso ou não, teimamos em deixar os pés de fora, como se isso justificasse quaisquer atos, pensados ou não.

Pego a minha Coca-Cola Cowboy, vou até a janela e vejo

a lua cheia. Fosse esotérico, e não um consciente carregador de bengalas, diria que a culpa é da lua: quando enche, enche-me de assuntos austeros, e pouco divertidos também. Pior, nem francês eu sou, como Deleuze, Focault e outros chatos que desafiam os temas em vez de vivenciá-los.

Enquanto isso, o bule continua frio. E o cachorro enrolado. E não tenho a menor intenção de mexer nesse quadro agora.

Só queria poder fazer um cafuné em mim mesmo e adormecer com alguma esperança sibilando no ouvido. Não, não passou a agonia. Só o aqui e agora.

A vida não é morna. Ou ela esquenta ou ela esfria.

Meu cachorro continua enrolado. E o bule lá, parado. Como uma natureza morta, e fria, com um leve arroxeado nas pontas.

A VINGANÇA

Eles disseram que o fariam, mas o autor jamais acreditou em tal despautério. Depois da morte de Dias Gomes e da última exposição de Escher, perdera a fé no realismo fantástico, para nem mencionar as maquiagens de Johnny Depp.

O certo é que havia alguma coisa de errado. Pairava no ar abafado algo insuspeito, ameaçador. Ele podia sentir. Tinha aquele *feeling*, uma espécie de bafo no cangote de uma presa ferida que espera o caçador recarregar sua arma. Segundos, poucos segundos de descuido os separavam.

Tudo começou num dia de semana qualquer, insosso como uma mulher sem defeitos. Foi receber o carteiro e lá estava a primeira carta anônima, ameaçadora:

"Vamos nos vingar".

Era tudo. Escrito em corpo grande, estilo gótico, como uma guilhotina a raspar meus miolos. Mas o autor — destemido, apesar de seu meloso romantismo misturado a uma pretensa libido viril-estilística — jamais desconfiou de nada.

Dizia para si mesmo: *Ah, deve ser algum marido traído querendo bancar o macho, pensando que me impede de exercer meu ofício.*

O problema residia no fato de que não se lembrava de ter comido ninguém nos últimos meses, nem na realidade nem na ficção. Pelo menos foi o que confessou às teclas de seu recém adquirido notebook. E como ameaças anônimas tinham aquele gosto de bolo de fubá dormido, não se deixou abalar, aparentemente. Ainda assim, sabe-se lá se por causa de algum inconsciente coletivo, ônibus desgovernado, acabou por espaçar o tempo entre um conto e outro, uma postagem e outra, um poema e outro. Quando se deu conta, já não passava de um autor sazonal, de uma obra só, usando a desculpa da falta de chuva para tudo mais. Mas... Mas...

Depois de um conto repleto de sacanagem, escrito meio que de provocação, começou a receber telefonemas ainda mais ameaçadores, do tipo "estamos nos reunindo para nos vingar".

O som abafado e meio fantasmagórico, contendo o eco de centenas de personagens de sua literatura, começou a assustá-lo de fato. Chegado a um estilo novelesco de Comendador da "Império", chegou a pensar em chamar o inventor de venenos para fazê-lo morrer por uns tempos, devendo ressuscitar apenas quando as ameaças parassem, o dólar baixasse e o PT não passasse de mais um capítulo tedioso e derrotista nos livros didáticos dos nossos netos.

Só que ele, o autor, não gostava de fugir da raia, então seguiu em frente. Melhor, correu em frente, depois que uns encapuzados com sangue nas roupas o perseguiram, gritando em uníssono: "Vamos pegá-lo. É ele o responsável por nossa existência breve e nosso eterno descontinuísmo".

Por sorte o autor conseguiu saltar uma grade escrita naquela hora mesmo. Em seguida apertou o delete para a grade desaparecer, e pôde recuperar o fôlego. Mas enquanto ajeitava a camiseta Hering dentro da bermuda, vagando descalço sobre as pedras portuguesas, com certeza, lembrou-se de uma garota frágil, que chegara a lhe implorar, depois de um conto escrito há meses: "Autor, muda o final da história. Está tão triste! Muda, vai..."

E, impávido colosso, coisa rara, respondeu à menina carente: "Não posso, meu bem. Vocês agora possuem vida própria".

Nesse exato momento se viu cercado por seres curiosos,

mais heterônimos que Fernando Pessoa, extremistas religiosos, jogadores de futebol entrando na multidão de carrinho por trás. Acordou num hospital do SUS, para seu azar. E ouviu o final da conversa de um médico com a enfermeira, enquanto uma gota de suor deslizava pela parte de seu pé que ainda conseguia enxergar: "O paciente deve estar delirando. Se machucou bastante, mas nada que o impeça de voltar ao seu ofício. No entanto, não para de repetir: 'Foram meus contos. Foram meus contos. Finalmente se vingaram de mim'", ela disse, enquanto outro enfermeiro tratava de ir logo apagando aquelas letras disformes gravadas no corpo do paciente inerte.

POBRE KANDINSKY

Fui e voltei à francesa, dois maus hábitos meus que me poupam muitas aporrinhações desnecessárias. Saí de casa, finalmente descolado da minha cama de astronauta, usando apenas um Converse, bermuda e camiseta branca, e logo cheguei à exposição de Kandinsky no CCBB, artista russo considerado pelos críticos mais frustrados como um dos grandes do século XX, pai do abstracionismo.

Já tinha checado a situação das prováveis filas por telefone, e achei a exposição muito interessante, quase tanto quanto o distinto público de tecnológicos fetichistas, que destroem nosso desejo de entrar em catarse aqui e acolá. Tinha muita gente. Nenhuma fila. Isso foi bom.

Entrei. Comecei a caminhar com total atenção às pinturas, mas sem ler os rótulos, textos que não me interessavam nada sobre as respectivas obras ou curiosidades a respeito da vida do pintor russo, que viveu na Alemanha e na França.

Ora ficava perto, ora longe das telas de Kandinsky, para poder catalizar suas cores fortes. O ar condicionado funcionava bem, ainda que pareça uma blasfêmia, ajudou-me a ficar um pouco mais nos bem decorados salões de exposição. O calor do lado de fora era insuportável.

Depois de assistir a um vídeo e ver apetrechos xamânicos

usados em vivências pelo pintor, acabei tão espantado que precisei engolir uma bala Juquinha que tinha roubado na antessala da academia. Ao ver gente e mais gente sacando seus smartphones de bolsas de grife falsificadas, compradas a prestação num camelô amigo, surgiu na mente a inevitável pergunta: *Por que será que ninguém está olhando para os quadros?*

Ninguém parecia estar tentando enxergar os quadros, pensar em como viveu o pintor, como criou cada pedacinho de cada rabisco daqueles, a beleza do Cavaleiro Azul presente em muitas de suas obras. Ou imaginar como ficaria bonito nessa ou naquela moldura, na parede da sala de jantar lá de casa. Melhor ainda, apenas olhar sem preocupação, vivendo a vida naquele aqui e agora.

Mudou Kandinsky ou mudou a forma de se ver Kandinsky? — pergunta ingênua, de fácil resposta se tivesse caído no Enem. Não caiu, o mundo foi que mudou mais do que o suficiente, ficou mais alienante, mais ditador de estéticas malucas, menos são e mais Glorinha Kalil.

Disso eu até já sabia, mas não precisava me constranger tanto, ao ponto de ver uma mãe pôr duas criancinhas exatamente na frente de um dos quadros mais importantes e sair fazendo fotos "cuti-cuti".

O gesto se multiplicava, mas isso não era nada, se comparado a uma moça que parou diante de um quadro, sacou seu spray de pimenta, ops, digo, seu *gadget*, e enquadrou uma tela, segundos antes de tirar fotos da mesma e... pasmem!, conferir na câmera se o Kandinsky tinha saído bem na foto. Depois de um muxoxo deu meia volta, sem dar uma única olhadela que fosse na tela real.

Mas não fiquei irritado, nem tampouco surpreso. Ando muito a pé, e vejo que está tudo fora da ordem, ou eu é que estou desenquadrado, sei lá. Saí com a sensação de ter estado sozinho num museu, de que o mundo estava correndo para pegar o metrô de volta ao passado, à Odessa da infância de Kandinsky. Quisera eu, ter nascido num tempo em que as cores, formas e caos pudessem não ser nada perfeitinhos e dissolvessem uma angústia espiritual, para além ou para aquém da tecla *"enter"*. Uma catarse, meus caros, e, vou logo dizendo, sem atravessadores.

A MANHÃ EM QUE WOODY ALLEN CORREU COMIGO EM PARIS

Pouco antes de meia-noite em Paris, marcamos de correr à margem do Sena na manhã do dia seguinte, Woody Allen e eu, isso mesmo. Olhando assim, de modo despretensioso, para o cineasta e ator, ninguém diz que ele é capaz de correr. Mas é justamente com um *cooper* matinal de alguns quilômetros entre Manhattan e Newark, Nova Jersey, que ele mantém sua forma, o suficiente para correr dos prêmios da Academia "distribuidora" dos Oscar, aquelas estatuetas fálicas. Combinamos em frente à farmácia onde o ator e cineasta costuma comprar suas quinze vitaminas diárias, sua carga pesada de Prozac — para o caso de uma repentina invasão neonazista — e um colírio, porque não usa óculos escuros.

Além de justificar sua fama de hipocondríaco, o ponto de encontro era próximo ao monumento em homenagem a Lady Di, ao lado ou na frente do túnel em que ela perdeu a coroa e a vida fugindo dos paparazzi e dos inconvenientes Barbapapas. O monumento é simples, nem seria notado, não fossem os mórbidos turistas que adoram ser fotografados diante de um cenário trágico. Tudo bem. Dizem que está na moda.

Woody deu um tapinha na bunda de Owen Wilson, código para dispensar seu alter ego favorito, e emparelhou comigo, para, enfim, começarmos nossa atividade física. Costumo trotar em silêncio por causa de meu desvio de septo, que prejudica a minha respiração. Já Allen, gosta de um bom desvio em suas elucubrações de humor judaico-nova-iorquino, tudo enquanto estende a mão para cumprimentar alguns conhecidos que sempre encontra, no único dia do ano em que não chove em Paris, mais conhecido como o "Dia do Cumprimento", quando todas as bichas pão com ovo do Bois de Boulogne se reúnem para comemorar.

O cara era realmente popular, apesar de sua bunda negativa, seu aspecto feioso e sua tara por meninas orientais. Não gostava de acenar, pois corria o risco de torcer o pulso. Mas enquanto tergiversava sobre sua mãe, pondo comprimidos de clorofila em sua garrafinha de água benta a cada 100 metros percorridos, ia dando *bonjour* para a claque: Juliette Binoche (na altura da Point Neuf), Boris Grushenko (com quem tinha conversado sobre suicídio na noite anterior) e Kenneth Branagh, o filho mais velho Bárbara Heliodora, aquela crítica de teatro shakespeareana.

Reflexivo, Zelig (apelido de infância de Kenneth) trajava um sobretudo. Estava lendo seu Sartre enquanto fumava um Phillip Morre com filtro e observava o corcunda de Notre--Dame, como se estivesse na Paris de 1950. Acreditem, não era coisa para inglês ver, e por isso Allen nem percebeu que Zelig preenchia uma lacuna naquela manhã.

Quando resolvia calar a boca, Woody era um sujeito bastante normal, digamos assim. Eu até que estava curtindo, comentando e compartilhando muito sua companhia. Eu o entendia, meus caros.

Mas nem todos gostavam do humor do sujeito. Pessoalmente, sempre preferi crer que o público que o execrava era o mesmo que não entendia patavinas de seu humor melancólico. Depois de tomar seu isotônico *Blue Jasmine*, uma marca já em decadência, Woody suava tanto que temi uma hipotermia. Começou a tremer, e para disfarçar, me disse, ao pé do ouvido:

— Amigo, isso está acontecendo comigo desde que fui para Roma e voltei cheio de amor por uma *ragazzina*.

Eu ri. Diminuí o ritmo das passadas e começamos a andar calmamente, enquanto Woody reclamava de sua última noiva neurótica.

— Bom, meu velho — eu disse. — Foi bom correr com você, mas agora tenho um compromisso.

Incansável em sua performance de atleta, o cineasta respondeu:

— Ok, agora vou jogar tênis, o esporte de maior suspense que conheço: aquela bolinha quase parada eternamente em cima da rede pode definir o nosso destino.

Foi mais que uma despedida. Foi um verdadeiro *match point*! Um encontro agradável, saudável para ambas as partes, o suficiente para manter a forma física de nossos neurônios.

Ufa! Você não imagina como é bom poder conversar com alguém hoje em dia.

Reunião de condomínio no Edifício Facebook

Sexta-feira, dez de janeiro de 2014, dia oficial de se iludir com a tal da felicidade. Mas não para todos. No Condomínio Facebook, um prédio de seis andares e 24 apartamentos, um evento inédito se anunciava: a reunião de condomínio, isso mesmo. Em plena sexta-feira! Ideia da D. Ricota, única moradora do prédio que não tinha computador.

Resoluções é que não faltavam. O síndico do prédio seria eleito, o subsíndico também; o contador malandro inventaria um estatuto que ninguém seguiria depois, e iria ser criada uma comissão de patrulhamento da vida alheia, uma confraria responsável por não dar bom dia e nem tampouco dizer obrigado, especialmente quando outros vizinhos segurassem a porta do elevador para um condômino cheio de compras, com aquelas sacolas pequeninas que rasgam o dedo da gente. O prédio estava mais em polvorosa que biscoito de polvilho Globo, com mate e mais aquele chorinho num domingo de praia na adolescência.

Reza a lenda que, mesmo habitado há aproximadamente três anos, ninguém que morava no número 121 da Rua Paulo conhecia os demais. Pelo menos, não com *status* de "vizinho". Evidente que ninguém garante que o casal gay do 502 já não tivesse frequentado a mesma boate do marombado de voz grossa do 101, nem se poderia cravar que a república das estagiárias de Direito da PUC, no 401, não tivesse puxado os cabelos marroquinos das estudantes de família de Economia da FGV, todas com aplicativos modernos nos peitos, cabelos e mãos — me refiro aos *stupidphones*. Tudo por causa do Cristiano Clear, herdeiro dos Peixoto Palhares lá do Jóquei Club, um janota que anunciava querer casamento em altos brados na saída da *facul* (como os jovenzinhos chamam suas faculdades), com seu pulôver bem montado nas costas.

A reunião estava marcada para logo depois das 437 chacinas mostradas no JN. Não tinha hora para acabar, assim como o Cauã não tinha hora para usar gola em vê e passar o rodo em todas as mulheres que o Zé Mayer já estava de saco cheio de comer.

Começou a sessão, com o quórum quase lotado de condôminos. Fandangos e Doritos, em pratos de plástico de papelaria, garantiriam a gula dos presentes ao acontecimento do ano, mais importante que um suposto desabamento do Maracanã na Copa do Mundo, ou que a reeleição de mais um filho da puta do PT ou uma corrida que Sebastian Vettel ganharia de ponta a ponta (bocejo onomatopaico, por favor).

Foi dada a largada. E tinha de tudo na reunião do Facebook: os compartilhadores, os que acreditam que Deus mora na rede social, os reclamões de tudo e todos, os polemizadores, a turma da cachorrada, as gostosas que só se deixam fotografar até a cintura, os citadores de Caio Fernando Abreu e Clarice Lispector, os que dizem que leem, os fotógrafos de pôr do sol, as burroidas que riem *uashuashuash*, os que se fotografam até cagando para o Instagram pelo celular lilás, mais conhecidos como "ególatras" ou "*selfies*", incluindo até a tatuada de cabo a rabo que morava com oito gatos, uma avó metade surda, metade fritadeira de bananas, mas para esta o pessoal do Facebook não dava muita atenção.

Em comum, o fato de que todos, absolutamente todos no Edifício Facebook sabiam de tudo; além do mais, estavam dispostos a salvar o mundo e a resolver toda espécie de problemas... E, o mais bizarro, sem sequer tirar a bunda esparramada da cadeira.

— Silencio! Silêncio! Vai começar a reunião do Facebook — bradou um militar da reserva, que se auto-outorgou o lugar central da mesa grande, metáfora do poder.

Pois é. A reunião do Facebook, o primeiro grande acontecimento do ano, iria começar de uma vez por todas... o decorrer dos "trâmites" eu conto qualquer hora dessas.

Papo barato

Será que amanhã vai complicar ainda mais? Ou vai dar praia?

Não sei, e não creio muito em estatísticas, mas acredito que depois de perguntar se amanhã vai dar praia, a indagação óbvia, não só dos cariocas, mas de todo brasileiro seria: "Por que o mundo anda tão difícil assim?"

Ao que me parece, Deus se exime, ocultando-se atrás de uma nuvem passageira. E os homens? Nós? O que temos a dizer ou a fazer sobre isso?

Se não me engano, e eu me engano muito, acho que começar a ser gentil consigo mesmo e com os outros já seria uma boa dica. Aliás, tenho uma teoria-prática de que, no fundo e no raso, o que todo mundo mais quer é ser tratado com gentileza, flores e dignidade no olhar, desde o início do dia até a hora de ir dormir. Difícil, né? Mas não impossível. Infelizmente, porém, a curto prazo não sou dos mais otimistas. E com a exceção das quantificações financeiras, costumo me render aos prazos curtos.

(Uma pausa pequena para justificar que hoje estou meio devagar, então, como de costume, não escreverei em ritmo real.)

Dito isso, eis que recebo uma circular comunicando

a próxima reunião de condomínio. Imediatamente me vem à mente aquele comercial de TV em que todos os condôminos quase se matam num desses inúteis encontros oficiosos.

Eu morro de rir. Mas não deveria, porque as seis, ou talvez 30 pessoas polemizam por bobagens, demonstram tamanho ódio umas pelas outras que não podem estar falando sério quando exigem mudanças no governo, ou no mundo que as cerca. Se infantilizam tanto que cada uma deveria estar com uma chupeta.

Aliás, quaisquer tipos de reuniões ditas democráticas são sempre uma esbórnia, sem que se chegue a decisão alguma. Vemos isso em filmes, literatura, artes plásticas e em situações corriqueiras da vida, um *brainstorming* fracassado.

No Facebook mesmo, polêmicas que não valem um cuspe são endossadas por todo tipo de gente. E ai de alguém que contradiga a opinião da maioria. Não raras vezes termina excluído, ejetado das relações com pessoas que nem se conhecem no mundo real, o de verdade, sabe?

Num retiro em que estive, um convidado que ensinaria técnicas de meditação se sentou do meu lado durante o jantar e disparou, devagar, baixinho, com ares sugestivos:

— Olha, meu rapaz, tentar mudar as pessoas é um gesto quase vão. O melhor a fazer é gastar esse tempo tentando nos tornar melhores, mudar a nós mesmos — e nunca mais vi o careca com ares de "Eu quero um Morgan Freeman pra beber": paciente, sabedor e dono da situação. Ah, e para saciar sua fome bastava um pratinho de sobremesa.

Gente, sejamos mais delicados, como aquela bala que não existe mais (pelo menos eu nunca mais vi). Sigamos em frente, deixemos o rabugento falando sozinho. Eu também, claro, não estou imune a nada disso, por isso abortei "há séculos" qualquer participação em reunião de condomínio, voltando algumas linhas atrás.

Não, não tenho a pretensão de encerrar a questão, como talvez tivesse Bauman com seus líquidos, muito pertinentes nessa seca mental — apenas um pensamento e um texto a mais.

Lendo a biografia de Usain Bolt reforcei a tese de não

ser reativo. Quando era um garoto de 15 anos, muito antes de se tornar recordista mundial nos 100 e 200m rasos, o atleta olímpico aprendeu com seu pai que o bacana era dar bom dia e cumprimentar quem quer que fosse na área rural onde morava: se ganhasse em troca um sorriso e um bom dia, se sentiria recompensado.

Enfim, gostaria que o mundo pudesse dar um Haroldo para cada Calvin que habita em nós. Já seria um bom começo.

Eu quero um Morgan Freeman pra beber

A ciência ainda não comprovou, mas tá decidido, eu troco três caixas fechadas de Rivotril por um Morgan Freeman pra viver, seja na tela no filme no rosto de um desconhecido ou na janela o cara consegue aparecer como se dissesse assim, calma, calma, bicho, calma, o Morgan Freeman salva o mundo. Como presidente ele não julga, escuta e faz valer os fatos, ele não fala dos outros, Freeman é bandido, mocinho, Deus, Nelson Mandela. Ele não manda nela, estica o colete de xerife justo pra que a dama segure a barra da saia e siga elegante. Morgan tem mais vitaminas que o meu Toddynho, faz a gente flutuar além dos nimbus, o cumulus, o *maximus*, meu vingador da liberdade. O Freeman até pode morrer, mas o cara não tem idade, pode viver um lenhador nórdico ou um vilão ruivo de capuz que a gente acredita que um pouco antes do final tudo vai ficar bem. Por isso nem vou falar mais nada, vou é jogar fora o Melhoral, tomar um copo d'água e deixar o Morgan Freeman dissolver lá dentro. Aí, malandro, e só esperar um pouquinho, que nem elevador velho e com grade, e tenho certeza de que tudo vai ficar melhor, a cabeça, o coração, o espirito, as dores nos joelhos, ó rapá, e o vazio entre aquelas L2 e L3. Morgan Freeman, vem me salvar... cinco minutos antes do final, eu juro que não conto pra ninguém. Morgan Freeman, um gentleman, um lorde da calma, e aí, onde é que tem?

Eu quero um Morgan Freeman pra beber, cinco minutos antes do final...

Pequenas celebrações

Mais um dia de insônia. Mais um tempo que me é dado de reflexão. E, percebo que o tempo, inexorável tempo, não importa se contra ou não a minha vontade, nos traz com a maturidade pequeninas celebrações. Percebo, não por acaso, que dormir é um ganho enorme. Coisa que jamais imaginei nos já idos tempos da juventude.

Difícil de entender, fácil de explicar. Se eu não dormir bem hoje, acordarei alquebrado. E se estiver alquebrado, a sensação de ressaca me perseguirá durante boa parte do dia, onde quer que eu vá ou fique.

A vista está cansada; a vida está cansada, mas sabedores de que ainda há o que celebrar, começamos a nos dar conta de que não queremos mais estar em todos os lugares ao mesmo tempo, apenas em um. Integralmente. E aí, expressões como "pau de selfie", "papo-cabeça", "careta", "demorô", "já é", "maneiro", "cara", são apenas palavras. "Atachado" então, nem pensar, mas, ainda assim, palavras que, entre outras tantas não fazem e provavelmente nunca farão parte de meu vocabulário.

O corpo já não é tão viçoso, com exceções. Mas a cabeça, em sua intelectualidade e sabedoria, se sobressai. Por isso, aprendemos a fórceps, a maturidade é o melhor remédio contra o frêmito juvenil. Desaceleramos para pegar o outro vagão, do trem e da história; se for o caso, "polianamos" pela vida afora, como um dos anões de Branca de Neve.

Eu, particularmente, me maravilho com filigranas de filigranas, paro na rua para colecionar cheiros de flores. Não fotografo a vida. A vivencio.

E isso, meus caros não tem preço, ainda que eu não descarte meu ritual de um mergulho, uma pisada na grama, na areia, os grãos escorrendo pela mão, a sunga frouxa, um mergulho em que me sinto deliciosamente vivo-morto embaixo d'água, boiando, e mais uma água de coco — isso, enquanto o verão não aumentar o preço da fruta ainda mais.

Estou envelhecendo, e nunca achei que isso verdadeiramente fosse acontecer comigo. Tenho artrose, ou a gota de minha tetravó, acordo cedo, não me interessam mais tanto assim os espelhos. E ah, sim, o interior da piada do decorador. Permaneço um metrossexual, mas já estou pensando seriamente em devolver aquela costela que o David Beckham me emprestou lá atrás.

Hoje leio o jornal e já não me espanto com a mortalidade aos 47; só quando adolescentes somos imortais. Tenho consciência de que julgo, tenho preconceitos, não me desapego tão facilmente; e que ser simples exige muito mais do que ser apenas simples.

Fora o vazio da alma, que sempre me doeu, agora, com menos tempo para isso, sinto as dores da medicina dos livros, dos falidos planos de saúde.

Não, não faço planos. Apenas vivo o agora e um pouco mais adiante. Quem muito planeja pode cair de avião, num piscar de olhos — escrevi um clichê agora e já não me importo. O que são reputações, se tenho ciência do meu caráter, ainda que goste de me surpreender a cada dia? Com menos, a cada dia com um pouco menos.

Já não há muita paciência para curiosidades inúteis, como saber o livro que a mulher-menina interessante lê. Mas persiste a vontade de me unir a uma moça, ter dois filhos, um cachorro e uma casa sem ninguém para me perturbar e fechar a porta aos solavancos.

Os solavancos, aliás, existem, mas hoje sei que eu não seria nada, não fosse por mim, eu mesmo.

Sem dias aquém do céu e do mar

"A questão das bocetas": assim começa o primeiro romance que li do Tony Bellotto, que tem uma pegada irônica, espirituosa, pra deixar manchas roxas na tua pele lânguida, como muitas das coisas que gosto de rabiscar (rabiscar faz parte de um vocabulário particular), para tornar a gravidade um pouco mais leve, assim como o singular ludismo e lúcida loucura se identificam comigo. Isso mesmo, não é o contrário. Hoje não acordei com a menor intenção de ser modesto.

Sou um carinha legal pra caralho, quaisquer adjetivações mais elegantes não combinam com a superlua daquela malhadora *fashion* mas paquiderme que vi desfilando na rua ao voltar suado do treininho de judô, enquanto uma gota ácida de suor me ardia nos olhos, olhos que enxergam mais do que eu desejaria, olhos que veem menos do que deveriam.

Pronto. O tio não vai mais falar em clitóris, molhadinha, KY Gel nem similares de luxúria que geralmente, em 9 entre 10 casos, saem vazadas antes do amanhecer. E da faxineira chegar.

É que a minha faxineira sempre chega quando eu quero, sacou?

Ah, e vou logo desavisando, como fariam os escrevinhadores moçambicanos e angolanos: este texto tem tudo para não ser finalizado, mas até aí, nada de grave. Até porque a própria vida legitima quaisquer interrupções, ou nos consola com balelas ecumênicas do gênero "tudo tem um fim e durou o que tinha de durar, blá, blá, blurpt!"

Aê, faz de conta... e a gente é bom nisso, né, não, ah, deixa a vergonha pra lá. Ninguém sente a tua dor de barriga quando você se senta num banheiro de botequim e só depois descobre que o papel higiênico tá todo molhado. Também, se rolar um piti, que se foda. Um a mais, um a menos...

Bom, pula aí de capítulo e bora lá pro que desinteressa da vez. No outro dia, vi no programa "Saia Justa", do GNT, as titias falarem do relançamento de *Cem Dias Entre o Céu e o Mar*, décadas depois da viagem do nosso marinheiro super-herói e desertor da Jihad (sabe lá Deus, ou o Diabo), ter feito a odisseia que prometeu e dado um alquebrado barco de esmola para o mais sábio e resignado pescador da literatura mundial, o pobre Santiago, de *O Velho e o Mar*, escrito pelo Ernest... — Ok, ok, Ernesto, pra que complicar, né? — Hemingway (diz-se "Réminguêi"), um dos primeiros livros que me marcaram, e posso provar, tenho a cicatriz no queixo até hoje, lido lá nos primórdios do primeiro ou segundo período de Jornalismo da PUC, entre uma coxeada aqui, um chope ali e uma festinha a que todos chegaram depois do último capítulo de "Anos Dourados", ainda rebeldes, imaturos, sacanas, sacumé.

Uma das coisas que me chamou a atenção é que o Amir, mesmo sem precisar vender quibes e esfihas para se lançar aos Sete Mares do Lulu, fez um desabafo pertinente, e que mexeu comigo, a ponto da anatomia do meu umbigo nunca mais ser a mesma. O aventureiro, sempre detalhadamente preparado em sua logística, desabafava, dizendo que nunca se sentiu sozinho no mar; por mais inóspitas e miseráveis as condições de todo o roteiro e produção, nunca se sentiu tão sozinho e angustiado como quando tinha que enfrentar as necessárias aporrinhações em terra firme para poder se lançar ao mundo entre o céu, o mar... e a paz.

Bom, não vou continuar. Assim decidi. Assim vou fazer. Tenho muito mais coisas pra não fazer. Mas a merda é que eu sempre volto, e talvez desconstrua tudo isso num capítulo mais adiante. É que eu não ando nada bem, e, sem hipocrisia... A gente sabe que você aí do outro lado não tem nada a ver com isso....

Pronto. Por ora, chega.

É. Acabou...

Se manda!

CAPTAIN, MY CAPTAIN

Não é novidade que o ator Robin Williams morreu. Ponto. E pelo que li, não necessariamente pelo que ocorreu (quem de saber há?), o que me arrisco a dizer é que apenas fingimos aqui e ali um interesse inconscientemente reativo.

Sim, vivemos reagindo a alguma coisa em vez de agir. Mas isso exigiria uma longa reflexão que não estou disposto a fazer neste momento.

Williams interpretou, por exemplo, o professor gente boa disposto a romper paradigmas boçais em "Sociedade dos Poetas Mortos", com direito ao poeta Thoreau (praticamente uma redundância). Quando seu personagem, nas cenas finais, sai pela porta do colégio deixando seus alunos, nos deixa com a impressão (a mim, pelo menos) de estar eternamente em pé sobre mesas de universidades inglesas. *O captain! My captain!*

É, como, provavelmente diriam muitos críticos do "já ocorrido" e fãs de ídolos de barro, foi apenas mais uma morte. De um artista. Por suicídio. Provocado por dependência química, depressão, e blá, blá, blá.

O agravante, não tanto para mim, mas talvez para os críticos, pedagogos, psicólogos, esposas, "amigos", e mais alguém que apareça na reportagem especial do "Fantástico", é que só se lamenta depois. Nem me lembro se era isso que eu queria dizer, mas é o que me veio à cabeça. Mais uma vítima do show business, como Amy, Cobain, Morrison, Marilyn e mais uma lista infindável. Mas acontece com Josés e Marias também, só que não dá Ibope.

Seguinte: até onde podemos saber, o ator era bem-sucedido em tudo, milionário, casado, com filhos, profissional pra lá de reconhecido etc. etc. Mas será que Robin Williams se esqueceu de regar as plantas, de comer carne na segunda-feira, de tomar um suco no Bibi Lanches de seu país, de comungar com o silêncio, de perceber, segundos depois de bater a porta de casa, que não tinha vontade de tirar a camiseta surrada e ir naquele sábado à noite a mais uma enfadonha festa-obrigação? Será que o *Captain, my Captain*, se esqueceu de passear mais com seu cachorro?

Não sei. Mas sei que nada disso nos dá garantia de uma passagem mais sossegada por aqui. O que posso tentar dizer é que ser vegetariano, talvez, não passe pelo nabo que você come, nem pela quiche de abóbora com kani... enfim. Talvez ser vegetariano seja tirar o time de campo numa boa, sem superestimar as goleadas, comentários e uma porrada de "sinto muito", "tudo passa", "tudo vai ficar bem", e, ah, o iogue está acima disso tudo".

Há pessoas boas no mundo. Certamente há. Ainda assim, elas também sofrem, e não têm tempo para bater na sua porta e saber o que realmente está acontecendo com você.

Depois... deixemos tudo pra depois. Me perdoem a ignorância, mas depressão, hiperatividade, estresse e virose se tornaram comuns em tempos nos quais as pessoas preferem se reconciliar com as vicissitudes, mas "como, ele era tão bacana, bonito, capaz e carismático... Como pode?"

Pode, acredite! Com quem quer que seja nesse mundo. Ainda assim, creio que o luto de nossas almas preguiçosas sempre nos será mais confortável do que a profilaxia, com ou sem comprometimento profissional, familiar, acadêmico, e, mais grave, os nossos próprios.

Morrer não é o mais assustador, mas a dor, lancinante, inaudível.

Escrevo porque escrevo. E só.

Morremos de cansaço. Cometemos vivicídio. Em demasia. E nos consolamos como dá, com um "vai fazer falta" qualquer. Não sinto dor na coluna agora... e aquele vazio entre a L2 e a L3 já é outro papo. Nada mais a dizer. Porque apenas os vivos ainda não têm essa coragem, segundos antes, segundos antes, segundos antes de...

As titias de Beverly Rios

Digamos que já se passaram umas três décadas desde que as Alícias, Fernandas, Tulipas e outras ex-amélias da novela da nove amadureceram, praticando uma renovação sustentável... pelo marido divorciado. São hoje tias-avós bem-sucedidas que não querem nada com essa chatice de feminismo, como elas mesmas dizem, e exigem orgasmos, aqui, agora e sabe Deus mais onde!

Também já não frequentam as praças de alimentação de shoppings, dispensam os motoristas com nomes de origem guatemalteca e trocaram seus Chihuahuas por Lulus da Pomerânia. São empresárias, donas de seu próprio silicone, de suas calças de ginástica da Ativa, de seus narizes aduncos, donas, enfim, de todas as certezas que as mulheres sempre mereceram ter.

Até aí, tudo bem. Não fosse o fato de que andam putas da vida com as feministas, que esqueceram algo fundamental durante a conquista inconteste de oito turnos de liberdade incondicional, seis deles passados em salões de beleza. Quanto aos outros dois, não querem dar satisfações, no que, convenhamos, fazem muito bem.

Ora bolas, são independentes, pagam um flat pro filho sair de casa mais cedo. Podem ser encontradas nas mais modernas academias da cidade, com seus corpos recauchutados e suas caras de sardinha enlatada. Pagam por isso. Porque podem.

São psicólogas, dentistas, advogadas, endocrinologistas bulímicas, antenadas. Sabem de tudo que a revista institucional do jornal *O Globo*, do qual são assinantes, mostra como *trends* dos próximos dez anos: modismos do verão carioca, franquias do Ibirapuera, metrôs baianos que virarão *food trucks*. Uma beleza.

Sem querer ser elogioso demais, tenho de dar a mão à palmatória: as titias-avós de Beverly Rios são as novas *tchutchucas* da cidade, se rasgam quando veem uma amiga da amiga dançando absoluta e poderosa no "Domingão do Faustão".

Já vai longe a cena de "Harry e Sally" em que a mais ou menos pudica Sally urrava um orgasmo de mentirinha num restaurante. Elas querem, fizeram por merecer e merecem orgasmos altos e sórdidos. São mulheres de verdade.

Os mortos do lado de lá

Crianças de Israel, crianças da Palestina, crianças da Gávea, crianças do Alemão, que, aliás, já nascem, e se derem sorte, vivem "mortas" bem antes de o coração parar de bater e a cabeça virar um quiabo de vez. Clichê, chiclê. Enfim, dizer que se guerreia pela paz em zonas de conflito em que reza a lenda, nasceu Raul Seixas há dez mil anos atrás, e um dos líderes do mundo perdeu uma partida de porrinha, e assim tudo começou... O resto tá inventado e versionado nos livros de História, pra boi e pro meu sobrinho dormir.

O negócio é essa insensatez de matar deliberadamente, liquidar com a vida, mesmo a vida precoce de crianças, que só faziam bater nos irmãos mais novos e sair pra brincar em vez de comer. Sim, isso mesmo. Crianças mortas não geram aquelas despesas a que todos temos uma espécie de direito inalienável.

Partindo de uma ilação em que inocentes mortos do lado de cá e de lá têm desejos verossimilhantes, tracemos um orçamento da desoportunidade de viver.

Meninos de 10 anos daqui não vão poder abrir figurinhas, num dos maiores êxtases juvenis. Meninos do lado de lá não vão poder colar figurinhas no álbum nem enganar no bafo da escola com um chiclete na mão.

Meninas do lado de cá não vão gastar em sutiãs com enchimento. As de lá, além da fronteira, não vão poder roubar batons das Lojas Americanas ou equivalentes, nem tampouco de suas mães.

Adolescentes do lado de cá não vão poder ensaboar o pau, comprar a cueca que aparece no metrô e comer uma putinha social depois daquela pizza, do sarro no cinema, num motelzinho pago pelo papai.

Para uma mãe, o luto nunca termina. Nem tampouco para um pai.

Mas se você é economista e gastou aquele dinheiro de aniversário num curso inútil e caro de MBA da FGV, vai fazendo as contas. Como não sou exato, e por isso abençoo meus erros e minha humanidade boquirrota, me dou ao luxo de prosseguir, só mais um cadinho, porque já tá batendo aquele vazio. Entre a L2 e a L3. Tempo de acender meu Nag Champa e arrumar umas margaridas metidas a besta, lindas, alaranjadas como o sol se despedindo provisoriamente. Ah, pois é, acho que são gérberas, foi o que entendi do vendedor fanho que me levou um dinheirão.

Os mortos, se não tivessem morrido, teriam crescido... então bora lá.

Os rapazes de lá não vão poder gastar com presentes *kitsch* que as meninas do lado de cá adoram. Os homens do lado de cá não vão poder se desiludir nem comprar um skate da moda pra amenizar.

As moças do lado de cá não vão poder pular etapas, nem tampouco amarelinha. Não vão poder menstruar. Os homens de lá não vão ganhar milhões pra jogar futebol, e os de cá não vão poder se consolar no ombro da parceira por terem sido demitidos após uma greve justa.

Os homens do lado de lá não vão poder ser corruptos, roubar e depois cruzar tranquilamente com você na rua. As mulheres de cá não vão poder bater no seu fusquinha 87 estacionado na garagem e subir sem se identificar.

Nada de Rivotril, nem de cachaça fiada no bar antes de se deitar. Sem direito a rir, a chorar, a reclamar, a vomitar depois de se exceder na bebida aos 17, vai fazendo as contas, já deve estar "custoso" pra caramba.

No lado de lá ninguém vai poder tomar porrada de uma torcida organizada. E do lado de cá, nada de chá de panela com bâmbis bombados.

 Os mais antigos de cá não vão poder se ir com dignidade, se é que há alguma dignidade em partir. E os de lá não vão poder viver com dignidade, se é que também existe alguma dignidade nisso.

E aí, não é melhor todo mundo se juntar e rachar o quilo do tomate abusivamente caro?

Prólogo das mães judias

Mães judias são as melhores mães do mundo... desde que você não as contrarie ou não discorde de seu ponto de vista. São tão manipuladoras e amáveis ao mesmo tempo que muitos as confundem como uma espécie de cruzamento entre mães mineiras e mães italianas. São amorosas, cuidadosas, exageradamente cuidadosas, enlouquecedoramente cuidadosas, culpadas, muito culpadas, insanamente culpadas. O algoz de tudo isso, claro, é você, o filho que a magoou com um gesto prosaico, como não elogiar a comida dela, que foi feita com muito carinho: "Fiz só porque você pediu há tanto tempo!"

O fato é que as mães judias, iídiche mamas, deviam ser tombadas pela Unesco, ganhar um Oscar e um Globo de Ouro por suas atuações perfeitas na categoria drama. São terrivelmente dramáticas. Nunca queira ver uma mãe judia magoada. É uma das piores sensações do mundo, fora o clichê barato do final de toda discussão, quando, em prantos ela diz: "Você não precisa ir ao meu enterro!!", assim, quase que imperativamente.

Aliás, elas te assombram com a perspectiva da morte o tempo inteiro, Woody Allen que o diga. O cineasta é quase imbatível em seu humor judaico nova-iorquino.

As mães judias são tão sensíveis que antes de você fechar a porta elas já estão chorando. E são cruelmente as primeiras a detectar e apontar seus defeitos, o que é dramático pra você. Uma de suas pérolas: "Você nunca vai encontrar uma mulher que o aguente. Só mesmo sua mãe, a quem você tanto faz sofrer".

Nesse caso, o melhor a ser feito é concordar com a cabeça, não dizer uma palavra e deixar que ela fale sozinha até se cansar, pensando que você está ouvindo tudo enquanto vai mijar com a porta do banheiro trancada, deixando que ela estoure as amígdalas antes de um último e indefectível berro: "Você ainda vai ter um filho. E espero que ele seja pior que você".

São essas as pragas do Egito que a iídiche mama roga. Mas vamos deixar claro uma coisa: as mamas judias só fazem isso porque têm um escandaloso e ciumento amor por você, um prato cheio para os psicólogos, terapia garantida pelos próximos 30 anos de sua vida. Isto, se sua mãe ainda estiver viva, porque caso se vá antes, a culpa lhe atormentará tanto que a psicóloga pode adiar por décadas a sua alta.

Com certeza, nem Freud explica, ainda que 90 por cento do que você é são de alguma forma influenciados por sua mãe. Se Freud não tivesse existido, talvez as mães judias não tivessem tanto empenho em te aporrinhar e te amar desmesuradamente vida afora.

É fundamental aprender os códigos de conduta de uma mãe judia. Silêncio prolongado é por culpa sua, abrir a geladeira da casa dela sem lavar as mãos é passível de prisão sem alvará de soltura, e caso você não a elogie quando ela compra algo que acha verdadeiramente que você pediu, aí explode de vez a terceira guerra mundial.

Ah, já ia me esquecendo. A mãe judia trata um filho judeu com mais privilégios ainda do que uma filha, mais do que quaisquer mães. Você pode até levar meninas bonitas para casa, mas ai de você se disser que se casou com uma japonesa. Mesmo que tenha sido depois de uma bebedeira em Las Vegas.

A iídiche mama tradicional — e no fundo todas o são — quer que você demore a sair de casa e nunca se case. Mas se o fizer, que seja com uma mulher judia. A armadilha começa assim: "Enquanto o apartamento de vocês não fica pronto, fiquem aqui no quarto de hóspedes, é muito confortável".

Não, não ceda, meu amigo, senão você, que já é um senhor, jamais sairá, nem vai querer perder os mimos da mamãe. E se você sobreviveu até aqui, solteiro ou não, orgulhe-se disso, ó bravo filho da mãe judia: és um vencedor, e nada mais na vida terás que "temer".

SOU UM MELIANTE

— Pode me prender, Dotô. Não tenho ar condicionado! —
eu disse, em frente ao detetive substituto de verão, na primeira
delegacia que encontrei ao sair do meu apê no Flamengo, Zona
Sul do Rio.

Eu suava, metade por um calor ensurdecedor (?) e a outra metade por ter surtado depois de tomar uma daquelas sopas
Campbell que tinha sobrado da arte pop de Andy Warhol. Na
delegacia, estava passando pela oitava vez o seriado "*Law & Or-
der*", que a Patrícia Kogut, certamente iria criticar dando zero em
sua coluna no jornal.

Com os pés em cima do distintivo, a camiseta com os dizeres "EU TAMBÉM VI TROPA DE ELITE", o detetive Ki Poirot
é Essa (o nome deve ser lido direto, de um fôlego só), fechou a
Playboy de quando a Xuxa era indecente, mandou os Black Blocs
pararem de enfiar a porrada no contador do Bicho e do PT, e
olhou para mim com aqueles olhos esbugalhados da cacatua do
Baretta.

— Mas isso não dá cadeia, meu filho.

— Eu sei, dotô, mas eu tô prestes a cometer um assassi-
nato ou coisa parecida. Não suporto mais a sensação térmica da
minha garrafa de café requentado, e ...

— E... — o detetive aumentou o suspense, como se eu

fosse um dublê de quinta dos filmes de Zumbi, que meu sobrinho teima até hoje em chamar de contracultura. A sorte é que ele está com dezesseis anos e ainda não entrou nas aulinhas de inglês, mas, ora, bolas, isso não vem ao caso.

— E... e... que não suporto mais ter de responder aos colegas, aos vizinhos, ao coreano da pastelaria, à assistente da minha faxineira, ao zelador de férias em Itacuruçá, ao ascensorista dos elevadores inteligentes e à gostosinha da Edineide, funcionária da padaria onde nos dias pares eu vou dar uma bolinadinha e tomar meu café com um pouco mais de leite e um pão na chapa (pouca manteiga, hein!).

— Olha, meu rapaz, eu lhe entendo — disse Ki Poirot. Posso até registrar queixa, mas creio que você vai abrir uma jurisprudência.

É, o cara estava estudando pela quarta vez para o exame da OAB naquele ano (na Estácio tem, sim).

Com a camisa encharcada, e aquelas abomináveis gotas de suor descendo pelas costas e entrando bem na divisão da bunda, perdi a paciência de uma vez. Nem dei mais bola para o bicheiro do PT, que sangrava numa sala a cerca de cinco metros de onde eu estava... e com um ar condicionado daqueles grandões todo voltado só pra ele, cheirinho de novo, 14 mil BTUs, com o caixote do Luciano Huck Eletro ainda no chão, respingado de sangue, mas com um intacto e tentador plástico-bolha, você sabe, daqueles comprados para modernizar a delegacia para a Copa do Mundo. Tipo Padrão FIFA.

Rapaz, nos últimos tempos eu só tinha visto um daqueles nas festas anuais de reencontro dos amigos de infância do GIMK, ou nos anúncios que vêm depois dos casamentos do primo da enteada da Glória Pires num castelo de chantilly da revista *Caras*, ou quando ia a uma *garçonnière* visitar uma das minhas colegas antes de saírem para seus respectivos estágios, cada vez mais caras. Me refiro às faculdades, não às meninas.

Bom, conversa vai, conversa vem, o Ki Poirot acabou me acalmando com uma propaganda de refrigerantchê do Engenheiros do Havaí e me ofereceu uma solução paliativa:

— Meu rapaz, sei bem o que você está sofrendo. Há uns

20 anos, eu era motorista de táxi da Angélica, e quando rodava com meu Chevettinho 86 era sacanagem pra todo lado — ele disse. E continuou: — Ou eu ouvia todo dia a mesma piada, que eu era o produto do cruzamento entre um motorista de ônibus e uma prostituta, ou perdia a maior parte da clientela, porque tinha um futum misturado com desodorante vencido e eu só tinha aquele ventiladorzinho chinês de rosto em cima das fotos da família e do adesivo "Obrigado por hoje, Jesus".

Ao lado de uma poça de suor, já sem paciência, vociferei:

— Porra, Dotô, eu lá quero saber da tua vida? Vá à merda!

Foi a deixa para o detetive se empertigar e anunciar:

— Teje preso por desacato ao calor, ops, por desacato à otoridade!

Esbocei um sorriso de ladinho, meio sem-vergonha, de quem come o último biscoito recheado do pacote com o indefectível gole de Coca-Cola, e apenas indaguei:

— Vão dar mais porrada no sujeito do PT, ou ele vai continuar ali até o sangue coagular?

— Não, ele só vai pro nosso "dentista" amanhã, na hora do almoço. Vou falar pros rapazes mascarados tirarem o elemento e você pode dormir lá, que tá geladinho.

Era tudo o que precisava ouvir. Tirei a roupa, pus minha boxer *by* Agostinho Carrara e deitei bem embaixo daquele delicioso aparelho de ar refrigerado. Ah, mas essa, todo mundo ia saber no dia seguinte. Deu até pra estourar umas três ou quatro bolhas do plástico antes de pegar no sono...

O CARNAVAL EM QUE A COLOMBINA CHOROU

No centro de um planalto vazio, em plena madrugada de quinta-feira, antevéspera de carnaval, um casal descolado de seus quarenta e pouquinhos anos adorava comer sorvete de creme com a mesma colher em frente ao seriado *"Friends"*. Isso, enquanto via e revia, vezes intermináveis e redundantes, a trilogia "Antes do amanhecer, Antes do pôr do sol e Antes da meia-noite", especialmente o último dos três, para amenizar cada final de discussão sem sentido e tornar o fogo da paixão uma pira olímpica mais emocionante e simetricamente desproporcional à lágrima fria do ursinho de Sochi, na Rússia, o país do Putinho.

Ele, Jorge, era vo vocal vocalista — o cara era meio gago mesmo — de uma banda de rock. Seu maior orgulho era quase ter sido parceiro de Renato Russo em "Quando será". Logo depois, Renato lhe deu um pé na bunda e a canção se tornou apenas "Será", uma das músicas mais tocadas até hoje e já com patrocínio até 2020, na Rádio Atemporal FM, lá do Planalto. Enfim, Jorge fundou outra banda, a "Geração Açaí", mas nunca tocou para mais de 3.500 maconheiros às sextas, no intervalo de Filosofia das Revoluções, ou para um público de filhos, sobrinhos e netos de políticos, meninas tatuadas na língua e revoltadas por simples prazer, o restante formado por estudantes de Direito com tubinhos pretos, celular lilás na mão direita, código civil na esquerda, tatuagem de borboletinha no pulso e um janota ao lado com suéter montado nas costas.

Do outro lado da História, às vezes quase do mesmo, estava Joaninha, uma morenaça cobiçada, com cabelos chanel desencontrados nas pontas que eram moda na novela da Globo, e que já nascera com apelido, não me pergunte por quê. Seu ofício: ganhar para fingir que era a esposa das bichonas do alto escalão do PT. Completava o orçamento, só de sacanagem, como chefe de torcida do Gama, a mais bem remunerada da capital, e assessora de imprensa dos cabeleireiros mais chiques daquela cidade sem esquinas, com a missão de reunir socialites e *social climbers* de todo o Brasil (por absoluta falta de candangas de sangue e sotaque) e convidá-las às ilhas, *petit-gâteaux* e pousadas das revistas cafonaças de celebridades. Ah, todas tinham que ter ao menos dois sobrenomes, e já ter posado ao menos uma vez, de forma ridícula, para um folder do Rei do Mate, além, é claro, de usar sandalinhas prateadas em todos os eventos.

O fato é que, mesmo quando estavam os dois na respectiva labuta (vou deixar a rima fácil passar), sempre passavam o período de Momo juntos e apaixonados, mas, dessa vez, a coisa estava complicada, e não me venham os sexólogos e psicólogos de plantão, especialistas em Melanie Klein, me dizer que era a tal crise inexistente dos sete anos.

Jorge, um pierrô xiita, queria ir para Ibitipoca, fazer trilhas, descansar, ler o best-seller vitalício do BBB — *A Arte da Guerra* de Sun Tzu — e ficar íntimo do silêncio, da água mineral e da energia emanada da natureza.

Já Joaninha, colombina de carteirinha, daquelas de desgraçar a vida dos homens, não abria mão de sair na folia, iludindo o então folião Jorge, o pierrô que toda mulher gostaria de ter.

Enquanto decidiam, tentavam em vão assistir a "Antes da meia-noite" e às infindáveis esgrimas retóricas inteligentes e chatas do casal das telas. Jesse, o protagonista, dizia: "Dei minha vida por você, o que mais você quer". E Céline, que, como toda mulher da intelligentsia que se preze, entre uma e outra batida de porta num hotel de Mykonos, Grécia: "Eu não sei por que, Jesse, mas sinto uma vontade uterina de discordar e brigar. Eu não quero achar soluções, eu quero é discutir mesmo, independente do que está escrito no roteiro. E ainda que eu perca o meu Oscar por ser uma chata".

Enfim, pra encurtar a história, uma vez que meu vazio entre a L2 e a L3 vem aumentando e tenho mais o que não fazer: viraram a madrugada de quinta-feira com a belga Stella Artois, cerva popular com nome de gente fina, mais cigarros e baseados infindos — quanto a isso não posso entrar em detalhes, uma vez que nunca fumei nem sequer cigarros de chocolate, é lucidez na veia mesmo, e não pensem que me orgulho disso.

Jorge não abriu mão dessa vez — ah, moleque! — e foi mesmo pra Ibitipoca, e a chata da Céline, digo, a escultural Joaninha, foi para o Rio de Janeiro, onde se hospedou no Catumbi achando que ficava de frente pra praia de Ipanema, e pela primeira vez em anos desfilou sua colombina abandonada. Depois do carnaval eles davam um jeito.

A noite em que Madeleine Peyroux me pediu um cafuné

Eu já estava pronto pra dormir. De volta do estudo do *Bhaga-vad Ghita* no Templo de Yogananda, comi um arroz à piemon-tesa de Poços de Caldas com abobrinha e precisei descansar mi-nha nádega direita depois de mais uma picada de corticoide, não me perguntem por que a nádega direita. Talvez eu sinta mais firmeza. Talvez eu seja um bunda-mole, ou tenha algo a ver com um chacra qualquer do hemisfério da mente, não sei.

Foi aí que ouvi uma batidinha na porta, já que a campa-inha estava desligada por falta de visitação. Ela apareceu toda sestrosa, falando com sua voz lânguida e um olhar de Lolita na-bokoviana, a mesma que despedaçou a vida de tantos Jeremy Irons esquinas afora. Do lado oposto da porta, mas já travando a entrada com sua botinha de couro Armani, ela disse, num tom quase desesperado de *jazz session*: *You must be saved.*

Era ela mesma. Madeleine Peyroux!

Como já tinha forçado a entrada, falei pra ela entrar e apontei o cabideiro, todo troncho. Ela tirou o chapéu panamá, comprado no Amapá quando passou por lá, e começou a falar.

Não tinha vindo ao Brasil só pra ser entrevistada pelo Jô, difícil de acreditar, estou sabendo, mas ela me contou tudo enquanto ia afrouxando todo aquele seu estilo: jogou a gravata no gancho mais abaixo do pirata, digo, do cabideiro, e estava crente que ia me seduzir assim que mordiscou os lábios e despenteou furtivamente os cabelos Chanel com pontas desencontradas. Na mão direita, uma garrafa de Beaujolais Nouveaux de safra restrita, aquele vinho que é produto do monopolista marketing francês, um dos piores que já provei.

Sim, eu tinha meus 27 anos quando me hospedei num hotel de contrabandistas argelinos, recheado de produtos xenófobos parisienses, foi a primeira vez que ouvi Madeleine. Não, minto. Foi a primeira vez que devolvi um vinho nacional e pedi uma água tônica com limão e uma porção de queijo mijado. Passei na mercearia do Monsieur Thibaut — aquele, das minhas aulinhas de francês —, e comprei umas *madeleines*, as legítimas, num saco bem acondicionado como a maioria de nós, por isso a confusão.

Bom, voltando à Pierrot, não, Peyroux (perdão, o corticoide tá dando a maior onda). Acendi um abajur que tinha sobrado da minha vida antiga, em forma de um copão de laranja, e a sala de porcelanato ficou iluminada por uma eletricidade de pôr do sol.

A moça, que já tinha esquecido seu francês e não tinha aprendido o inglês, escancarou a janela e foi logo elogiando as palmeiras da Paissandu — rua em que habito, e de carona —, que ainda não foram cortadas pela defesa civil. E ainda sou estigmatizado como playboy. Lá estávamos, Peyroux e seu *jazz session* se insinuando para mim, e eu com a barba de mais de três dias *a la* "*Into the Wild*", o cabelo grande, enfim. Estava realmente mal aparado.

Mas ela gostou. Me puxou pelo pomo de Adão (o famoso gogó que excita as amigas, mas você não sabe) e começamos a valsar pela sala com uma garrafa de Coca-Cola Zero, ô felicidade, cheia de água Perrier, pra ficar tudo confuso mesmo.

Pra não dizer que sou chato, fiz só uma exigência para que ela passasse algumas horas aqui em casa: "Por favor, você é maravilhosa, mas não aguento mais ouvir suas inúmeras versões de "*La vie en rose*".

— Ok, *chéri*, ok...

E pedi pra ela falar baixinho, porque não queria que àquela altura da madrugada uma Céline desmiolada ficasse traquinando e procurando problema onde não existe.

Fomos improvisando, e nada demais nem de menos aconteceu. Como eu gosto, e como ela queria que fosse esta noite. Então peguei um pote de sorvete com pedaços de melão, pus mel e adocei a francesinha com nome de pãozinho metido a besta.

Continuamos na valsa, enquanto ela se metamorfoseava de menina em mulher e voltava como uma deusa (socorro, me lembrei da Rosana!). Deu até uma de borboleta ao pousar próxima ao incenso de canela vestida de morcego, recém-saída do Municipal, a fumaça assumindo uma cor verde-azulada sempre que atravessava o pontinho colorido do modem da Vivo.

Rapaz, tô escrevendo em tempo real, faço tudo em tempo real. Gosto de interagir, desde que fique claro que nesta porra quem manda sou eu.

Não, não fiz amor com Madeleine Peyroux. Mas deixei que dormisse na cama de astronauta, enquanto eu ouvia Billie Holiday, só pra implicar. Tenho de admitir que é uma mulher e tanto, capaz de pôr por água abaixo o meu suposto ascetismo.

Há pouco mais de dez minutos, fui lá espiar se ela estava bem. Ela sorriu gostoso, devia estar sonhando com as Tuileries da vida. Sentei-me a seu lado e fiz um cafuné. Não, não fiz amor com Miss Peyroux, mas, em compensação, ela também não cantou mais uma versão de "*La vie en rose*" pra mim.

TEM PÃO COM GLÚTEO, Ô MOÇO?

Estava no restaurante natural Grão-de-Bico-Doce, vivenciando a minha canjica *diet* com umas pitadas de canela por cima, quando vi uma moça com o carrinho cheio de duas folhas de alface, três rúculas, dois ovos machos, quatro barras de cereais de quinoa e oito caixas de energéticos sem energia, porque, convenhamos, ninguém é de ferro, nem mesmo Stark, o super-herói que tem crises de ansiedade quando não está ferrado.

Então, enquanto continuava fascinado pelos formatos diferentes de cada grão de milho afogado no caldo branco, vi a tal natureba *way of life* procurando pães de todos os tipos, quadrados, redondos, de passas, de Gianecchini, de rosca, pão de mel, pão duro, pães de rabanada importados de *Bündchen City*, pães especialmente feitos para as adeptas da *power* bulimia, a próxima moda de verão e da *Veja Rio*.

Mas o que mais me chamou a atenção foi quando ela cutucou o gerente da loja, o Al Face, (devido à sua semelhança com Al Pacino em "O Poderoso Chefão 6", ainda que hoje ninguém dure seis anos numa chefia impunemente):

— Meu menino — disse, com sotaque baiano e vasto decote, do tipo que ofende as pudicas do Irã. — Você tem pão com glúteo?

Al Face se espantou:

— O quê?

— Eu quero glúteos, num sabe? Minha academia tirou os espelhos por contenção de vaidade e não quero mais malhar lá — disse a rapariga, fazendo um beicinho de Brigitte Bardot assim que pisou na Tartaruga, a praia de Búzios, lá pela década de 1960 (mas se eu estiver errado tem sempre um sabichão pra corrigir).

Persistente, disposta a gastar seus últimos tostões ganhos na terceira fila dos bailes de Anita, a dançarina mexeu nos cabelos, mordiscou os lábios e fez aquela pose de ladinho, com a mão na cintura e escondendo a parte de baixo do corpo, como todas as amigas nas redes sociais.

Não há como negar, a moça realmente tinha um corpo bonito, apesar de totalmente desbundada e com cara de sardinha passada, fruto de sua indisciplina na Farme de Amoedo, em Ipanema, ao não se proteger do sol de meio-dia.

Eis que então chegou um caixote com uma nova remessa de "pães de glúteo", para a felicidade geral da mulher. O gerente, Al Face, logo recomendou:

— Mas não se esqueça de pôr no forno, porque o glúteo incha e fica mais gostoso, com uma aparência totalmente natural. O pessoal aqui da Grão até apelida de "personal bundão", hehe.

E a moçoila, disparando aquela voz de débil mental que quase toda mulher faz quando acaricia o cachorrinho de seu namorado ou coisa que o valha:

— Ah, eu quero três, dois pra cada nádega e um pruma amiga que trabalha lá na "Bermuda Viradinha" do Barrashopping.

— Só tem um pequeno problema, meu amor — retrucou o gerente. — O pão diminui a massa cinzenta do cérebro, mas, vá lá, um probleminha tão sem sentido hoje em dia que não creio que faça muita diferença.

No que a desbundada retrucou:

— Ah, não acredito nessas coisas. Inclusive, eu fiz faculdade de Direito, já faz três meses que não falo "menas" e costumo ler no Werner toda a coleção de livros da Caras. Não pense que sou burra, não!!

— Ok, venha aqui até o caixa — disse Al.

Ela se encaminhou rebolando o que não tinha, pagou a conta, puxou as meias brancas até o umbigo e foi embora, toda contente e sem um dente na frente.

A essa altura eu já sorvia o final da minha canjica, e antes de a loja fechar, também pedi um pão, o pão que o diabo amassou. E fui-me embora comprar um maço de cigarros, mesmo que nunca tenha fumado...

Bola de gude, bola de meia

O três contra três, com um golzinho pequeno e uma bola Mercur meio vermelha, meio ferrugem, tinha terminado empatado, depois de perdermos outras duas pela parte descoberta que dava para a rua. Interrompemos temporariamente o nosso futebolzinho, que seria decidido nos pênaltis, quando um sétimo amigo das redondezas do quarteirão em Copacabana entrou no playground e gritou: "Gente, acabei de ver no Novo Encontro (nome de um botequim que não existe mais) um pôster anunciando que já tem a Fanta Limão".

Foi o código para que todos fôssemos correndo para o bar. O primeiro sortudo da fila não deixou os outros darem um gole: "Ah, não, compra a tua, vai..."

Comprei. Numa daquelas garrafinhas raras de achar hoje em dia, me deliciei com o gosto do refrigerante da propaganda, que deve ter passado logo depois do intervalo do "Capitão Asa", ou do "Banana Split". Ainda não era o tempo de "Anos Dourados", cujo último capítulo na TV vimos todos juntos, a turma toda do primeiro ano de Comunicação da PUC.

Poderia começar este texto de muitas formas, mas venceu o que me veio à cabeça primeiro. Não, não sou contra a tecnologia, cada vez mais simbiótica em nossas vidas. Admito, convivo com ela, mas não sou um fã de carteirinha. Ainda assim, não seria idiota de não acompanhar os tempos, ainda que eu tenha quase certeza de que ainda não nasci direito, não cresci direito. É como se estivesse na coxia de um grande teatro de bufões, esperando, nervoso, a hora de entrar em cena.

Outro dia, porém, me peguei lançando um olhar furtivo, com uma certa nostalgia... No notebook fica difícil ser eloquente, evidente que não me refiro a cirurgias feitas de um continente para outro e outras fantásticas e quase infinitas possibilidades.

Decidi tomar para mim um pedacinho do tempo em que as pessoas não tinham celular, nem computador, ou qualquer outro tipo de *gadgets*, e me deparei com um fato: eu falava mais ao telefone com meus amigos ou namoradinhas, conversava com minha família em torno da mesa de jantar — tirando os dias em que mamãe ligava uma mini TV preto e branco que só chiava, mas passava "Roque Santeiro" ou outra novela qualquer.

É incrível, mas eu ia a mais encontros festivos. Gritavam da janela: "Eduaaardo, é hora de subir para tomar banho!"

"Daqui a cinco minutos", eu respondia, antes de chegar em casa todo sujo, uns 40 minutos depois. A turminha do futebol de salão combinava de se encontrar na portaria do Caiçaras, e todo mundo ia. Quem faltava, a gente esperava e depois dizia: "É um furão mesmo".

Combinávamos os programas no ônibus, onde era normal tirar a camisa e comparar as respostas da questão oito de cinemática, porque você tinha acertado e o outro não.

Lembro de ter ido à primeira sessão do aguardadíssimo "Caçadores da Arca Perdida", talvez meu maior referencial de aventura até hoje. Comprava uma caixa de Mentex, uma Grapette (quem bebe repete) e ficava assistindo com os olhos brilhando, tudo em 2D mesmo.

Alegria suprema era abrir um pacotinho de figurinhas de "O Mundo Animal", ou "Copa 74". A maior diferença entre querer e poder se estabelecia assim: o mais rico comprava 100 pacotinhos, e você comprava 10, ou, quando muito, 20.

Quando a empregada, espécie de segunda mãe que trabalhava há 30 anos na casa de minha avó Riva, trouxe a primeira sensação amarga de morte em minha vida, eu estava tirando os plásticos dos personagens de Pato Donald, Tio Patinhas e Vovó Donalda, uma das poucas regalias que meu pai, então vice-diretor de um hospital conceituado na época, me oferecia, quase ameaçando o dono do bar do hospital caso ele não guardasse todas as tampinhas para o Dudinho.

É, essa coisa de Edu acho que meio que veio só com a tecnologia, sei lá. Antes eu era Dudi, mas era feliz. O maior pavor que eu tinha talvez fosse o de ter insônia e ter de acordar cedo para a escola. Era legal. Tudo tinha seu tempo, não se pulavam etapas. Pulava-se amarelinha.

Pensando aqui um pouquinho com meus botões que estão no armário, acho que a gente sente falta mesmo não é das coisas, daquele papel de carta com florezinhas mal desenhadas no canto e com o cheirinho dela, mas do tempo que passou e não volta mais, das promessas que nunca seriam cumpridas. Aliás, isso eu posso garantir que transcende todas as épocas.

Tá gostoso, e não posso prometer nada, mas acho que vou prosseguir. Por mim. Só por mim.

O amor nos tempos da tecla "*enter*"

A ilusão do prazer pelo prazer, a ilusão do frio na espinha proporcionado pelo frisson da paixão, mais do que isso, a tentação de acreditar que alguém neste mundo, virtual ou real, possa nos entreter no longo e tenebroso inverno de solidão entre o nascimento e a morte, no intervalo entre as expectativas vindouras e os arrependimentos do que não foi cometido, como sempre nos aconselhou nossa mãe, salvo alguns, talvez apenas algum, um indivíduo de sorte entre a letra A e a letra Z, entre o improvável e o possível. Afinal, não importa em que dimensão, somos todos pássaros, os que no chão desconhecem morada (o final da frase é do moçambicano Mia Couto, a intenção de descontextualizá-la é minha, tudo para que possamos refletir sobre o filme "Ela", em inglês "*Her*", a história de um escritor/ jornalista que fala sobre as mil e uma e mais um tantão assim de possibilidades de se ter, e até mesmo de se manter um relacionamento em tempos virtuais, alguns anos depois da Copa do Mundo de 2014). Pronto, é isso.

Pode levantar daí e ir pegar seu suco natural de caixa... Ou, se você preferir, o que é pouco provável, desligue o teu *gadget* de última geração, volte pra cama, dê uma rapidinha com seu parceiro ou sua parceira ou sozinho/ sozinha na brincadeira lúdica dos seus dedinhos.

Digo isso, porque o filme, que em 2014 ganhou o Oscar de melhor roteiro original (esse tipo de informação não faz necessariamente parte de meus textos, mas há sempre algum intelectual de plantão para ser saciado em sua aridez boboca). Mas, se vocês, meus caros leitores, acreditam que possa ser fascinante uma ideia tão previsível, que tinha tudo para cair nos mais fáceis clichês que permeiam nossas existências, peguem uma carona aí, que na boleia sempre cabe mais um.

A história tem tons melancólicos, intimistas e tão blasés como ir a um casamento da realeza britânica com um tênis branco, uma calça jeans, uma Hering branca e um blazer descolado, e assim se desenvolve a narrativa, que flui com destreza. Isso, claro, se você se esquecer de trazer a sensibilidade ao lado do saco de pipocas. Caso não tenha onde comprar essa tal sensação, esqueça. Vai ver "Thor" em 3D e pronto, eu vi, vale a pena, é uma opção válida se divertir e não se aporrinhar com os existencialismos do cinema, o divã mais democrático que existe.

Bom, fato é que não vou fazer disso um tratado e tampouco diversas versões, não, infelizmente, tenho mais o que não fazer. Apenas escolhi um caminho na estrada e fui. Eu não critico, eu reflito, pobre de mim.

Romances, companhias e entretenimentos podem ser comprados: em "Ela", frustrado com um casamento que "desandou" por ser carregado de tintas realistas, o escritor encontra diversão, sexo, bom papo e fascínio num brinquedinho eletrônico, através do qual se apaixona por uma voz. Sim, por uma voz, a voz de Scarlet Johansson, o que também não é difícil de entender, mais sensual do que a da Iris Lettieri, aquela do Aeroporto Internacional do RJ.

Através dos "espelhos mágicos de Alice" em que nos vemos, não importa se mais ou menos deformados, "Ela" nos mostra, sobretudo, que num mundo de aplicativos até a sensação de amar e ser amado pode ser "reinventada" e, de certa forma, negociada. Sem recibo.

Neste mesmo mundo, porém, a solidão jamais poderá ser comprada, essa sim, um fardo, muito além da tecla *enter*, bem aquém do "delete", e cada um que se vire como puder.

Foi sempre assim, desde os tempos das cavernas. E creio que sempre será.

UMA SÓ VEZ

Ele sofria de uma espécie de TOC, mas simetricamente oposto, ou seja, não conseguia fazer nada mais do que uma vez, senão enjoava. Em casos de repetições similares demais chegava a espernear e a salivar toda a água na boca que ainda lhe restava, mesmo sem ter desejo de nada.

Quando nasceu, a mãe achou que era o furinho em cima do lábio superior, mas o pai não teve dúvidas: era aquela mancha inexplicável no canto esquerdo da barriga, como se uma marca qualquer anunciasse uma espécie de maldição que o macularia por toda a sua existência.

Um oftalmologista, amigo do cachorro da família, teve certeza de que eram os olhos com duas pintinhas, uma em cada um, que se mexiam pra lá e pra cá a cada vez que ele ficava excitado com as mesmas experiências. "Com o tempo passa, com o tempo passa", ele disse, enquanto ia escrevendo atrás de uma embalagem amassada de um par de lentes de contato descartáveis. O preço da consulta era um com recibo e outro sem recibo.

O problema, se é que possamos chamar assim, é que não passou. Ao contrário. O menino foi crescendo, e naturalmente fazendo escolhas únicas, indivisíveis, indevassáveis. E que teimavam em não se repetir.

Em conversas em casa, no tempo em que isso ainda fazia

parte do cotidiano das famílias, questionado como se fosse responsável por um crime que não cometera, o agora adolescente chorava, caía em prantos por exigirem dele uma resposta racional, que poderia estar nas dezenas de livros que lia sem sequer voltar um parágrafo, ou marcar uma orelha em algo que por ventura lhe chamasse a atenção.

Até seu choro continha uma lágrima só, ainda que volumosa e sincera. Ele não sabia explicar. E nem a família, nem os amigos, namoradas, *headhunters*, desafetos, vendedores de pamonha, camelôs que dividem em dez prestações aquela bolsa legítima, nem o japonês da locadora e nem tampouco o último exorcista. Como não era hiperativo, nem depressivo, nem estressado, acharam por bem não gastar cheques polpudos com psicólogos, *coaches*, *trainers* e outros profissionais do gênero. Preferiram continuar economizando para que eles mesmos comprassem aquela casa em Búzios para daqui a uns dez ou 15 verões, vai saber.

O moço, que agora já cursava a faculdade, entrou em Educação Física, depois em Letras (Esperanto e Inglês), onde era o único da turma. Tentou Direito, mas não se adaptou às casamenteiras de tubinho preto e tatuagem tribal anunciando o caminho da bunda. Chegou a concluir a Escola de Medicina, onde se especializou em autopsiar mortos-vivos.

Explico: àquela altura da vida já não tinha muita paciência com os zumbis errantes do asfalto e suas ladainhas sempre iguais, então criou um fascínio por desvendar os mortos. Para ele, eram companhia razoável, gelados como um suco de água de coco com figo, desnudos de conselhos, sem querer enfiar-lhe convenções cachola adentro. E, o que mais gostava: matava aos pouquinhos quem já estava morto. O que viria a lhe causar problemas naquilo que alguns assíduos frequentadores de redes sociais — Solitários Unidos S.A. — costumavam chamar de sociedade, sem, evidentemente, se incluírem nela.

E assim foi. Ganhava um trocado aqui e outro ali, explicando sua história. E inventando um pouco, para faturar um pouco mais. Mas, como não gostava de aparecer mais de uma vez, somente aceitava convites para aqueles programas escrotões que lhe punham uma voz robotizada e uma sombra em pleno estúdio sem luz natural. Foi se sustentando entre o silêncio gélido dos mortos atestados pela Medicina, numa espécie de *Discovery Wild* e outros programas de aberrações com as quais a gente nem se sensibiliza mais, tipo noticiários em horários nobres, outros que confundem amor com sexo e aquele tal de "Fantástico".

Amou uma vez. Foi amado uma outra. Era um monogâmico sequencial. Derrubou ambrosia no chão encerado da sala uma vez, nunca repetiu uma Grapette, viveu uma vez, morreu uma vez, reencarnou uma vez.

Enfim, é difícil provar, mas foi o cara que há trocentos anos teria inspirado o início de nove entre dez histórias da carochinha, ou seja.. era uma vez, e isso lhe bastou.

A Amélia era Amélie

Vamos corrigir um erro histórico aqui. A mulher de verdade nunca foi a Amélia, cantada, decantada e deflorada em marchinhas de carnaval. Amélia era uma preguiçosa, porcalhona, adúltera, passava água oxigenada nos pelinhos negros da canela, usava calçolão, achava que foi Deus que a fizera na versão diminutiva (Amelinha).

Menos gente ainda ficou sabendo que ela conquistava os homens à noite, mas pela manhã, depois do desjejum (ou seja, sem café nenhum), tirava os olhos de vidro, a perna mecânica, a peruca, os seios de silicone franceses, a calça Wrangler de segurar a bunda e ia embora, roubando o último Sonho de Valsa da caixa e coxeando da perna que lhe sobrara da marchinha sexista.

Aliás, desconfio muito das mulheres de verdade. Dos homens de verdade também, e dos bâmbis sem seus armários de verdade, dos produtos *light* de verdade, dos duendes de verdade e dos biscoitos recheados de verdade

Bom, filha única de duas bichinhas muito geniosas, foi apelidada de Amélie. E Amélie foi ser uma atriz chatinha, meio herdeira de Juliette Binoche, meio com cara de boazinha e dividindo a opinião dos achistas d'*O Globo*, que ora aplaudem em pé, ora fazem cocô na cadeira e não limpam.

Enfim, Amélie era a verdadeira Amélia, se é que essa

Amélia existiu, porque nunca nenhum fóssil da mesma foi encontrado, nem mesmo pela famosa arqueóloga Niède Guidon lá nos buracos do Piauí... aí é porque tá foda mesmo.

Eu, pessoalmente, acho as Amélias as mulheres mais insuportáveis que existem. Gosto das de personalidade, que vão à luta, me deixam dividir as tarefas domésticas, não me envergonham chegando de surpresa enquanto tô tomando açaí com os colegas de judô, não me chateiam quando acho que é suficiente passar a maçã na camisa antes de comer. Mas ai de vocês se guardarem minhas meias diferentes enroladinhas que nem veadas... Grrrrr.

Ainda que os tempos sejam outros, as Amélias insistem em amebar por aí (eu amebo, tu amebas, elas amebam e por aí vai), porque, convenhamos, tem gente que só faz jus mesmo a conjugar o verbo amebar é ou não é? Já nem falo mais das estagiárias de Direito e das bestalhonas que fazem economia na FGV, porque ambas as classes estão em greve com barracas da Louis Vuitton aqui em frente de casa...

Prossigamos que o sinal abriu. Olha só, a Amélie era aberta a negociações. Os machos podiam dar aquelas duas balançadinhas, contanto que ela sempre jogasse o absorvente no lixinho, que a meu ver nem era para existir.

Mulher ideal não deveria encher a porra da geladeira com Activia, nem esquecer o meu Toddynho noturno ou as iguarias do meu cachorro, Guru, deveria vestir a camisa do Flamengo em dia de jogos e me deixar colocar um Durepoxi em suas bocas.

Amélie era assim, essa sim, é que era a mulher de verdade. Prefiro mesmo acreditar nisso.

Ela não era a Fátima

O nome dela não era Fátima, não na manhã de uma segunda-feira preguiçosa e chuvosa no Rio de Janeiro. Não é que eu a conhecesse, mas são pequenos pedaços das colchas de retalhos de quem anda a pé e tem oportunidade de perceber os comportamentos das pessoas e de todas as circunstâncias que as cercam. Enfim, eu estava saindo do banco calmamente, praticando a dança grega do caminhar lento e objetivo, com a mente quieta, a coluna ereta e o coração disposto a ficar tranquilo, andando, seguindo mentalmente os mantras que aprendo e reaprendo em minhas incursões meditativas ao templo hindu dos devotos de Paramahansa Yogananda, e eis que de repente ouço gritos histéricos:

"Fatima, ô Fátima, sou eu, responde aí", gritava a plenos pulmões uma senhora, sei lá eu, que estava a uns bons 20 metros de distância da (até então) insuspeita Fátima. Olhar para trás eu não olhei, mas cheguei a dar uma coçadinha no ouvido esquerdo, pois o brado da senhorinha era retumbante, como se fosse soprado por um corneteiro completamente insano.

Bom, eis que, de tanto gritar, transeuntes anônimos começaram a se preocupar com a suposta Fátima, uma mulher aparentemente simples e de bunda tão avantajada e quadrada que parecia que a bunda é que a tinha, e não o contrário.

E, insanidade total, o brado intermitente, eu entoando a mãe divina e a "Fátima que não queria ser Fátima naquele momento" começando a ser abordada pelos abelhudos desta vida alheia, que tentaram, em vão, fazer um coral daquela gritaria desordenada, como se fossem uma torcida desorganizada num torneio qualquer de natação para crianças.

Insistentemente irritante e já quase sem folego, a senhora tocou com sua histeria leviana os ombros da "Fátima", e a pobre moça, que estava tentando revirar o guarda-chuva de "dez real" do camelô da esquina feito uma Mary Poppins invertida, parou calmamente e disse:

"Eu não me chamo Fátima, minha senhora".

Coçando a cabeça e com olhar desconfiado, a senhorinha pousou no chão uma sacola de bananas e cachos de uvas enquanto tentava convencer a pobre infeliz de que ela tinha de ser a Fátima do Colégio Pedro II, tamanha a semelhança.

Ambas se dispersaram, e tirando as mãos do bolso para cofiar o bigode que não tenho, pensei cá com meus jogos de botões da adolescência: *ninguém tem a obrigação de se chamar Fátima, João, Maria, Rafael ou Gumercinda, seja numa segunda--feira, seja em qualquer outro dia de qualquer ano em qualquer local do planeta.*

A dublê de Fátima, coitada, naqueles breves minutos, simplesmente queria passar invisível pela rua com suas misérias e esperanças. E quem entre nós há de tirar a razão daquela mulher que não queria se chamar Fátima naquela segunda-feira chuvosa?

O CORETO DA PRAÇA

É comum no Oriente as pessoas não terem pressa e comerem cru. Pra que tanta correria, se você não precisa completar os 100 m de distância de sua casa até a padaria, banca de jornal, ou àquela lanchonete que tem um açaí legal? Ainda mais considerando que você não recebe milhões de doletas como o atleta jamaicano Usain Bolt para correr a respectiva distância em menos de 10 segundos.

Mesmo cultivando a despoluição gradativa de uma intelectualidade poluidora, achei interessante repartir com vocês a tristeza que me deu há alguns punhados de minutos (que me escorrem pelas mãos, tanto quanto as moedas douradas), ao olhar um senhorzinho muito debilitado, ajudado por um acompanhante a se sentar na pracinha aqui perto de casa, que costuma ter uma feira artesanal e um chorinho honesto aos domingos, uma espécie, vá lá, de interior da Zona Sul.

Mas não é de geografia que vamos falar. Aquele idoso mal conseguia andar, e quando se sentou numa espécie de almofada geriátrica em forma de pneu, lá ficou, com seu boné do Boston Celtics, uns óculos escuros e impávido colosso, durante pelo menos uns 40 minutos, o tempo em que eu e Guru, meu cão, estávamos sentados no "coreto que nos protege do mundo", ambos vivenciando, respirando, ouvindo, cheirando, observando o mundo girar.

Isso mesmo. Parado e olhando o mundo girar. E em parte desse mundo cabia o senhor, com seus óculos de quem já se cansou de tantos sóis, falando com seu cuidador: "Joguei muito na bolsa... perdi demais, e ganhei demais".

Não, meu senhor. Com extrema e redundante compaixão, Guru acenou para mim com o papo em cima de minha coxa e fomos obrigados a concordar que o velhinho só perdeu: perdeu tempo, perdeu pores do sol, perdeu suor demais, perdeu calma, paz de espírito, perdeu a oportunidade de perceber a tempo que o necessário é bem mais urgente do que aquilo que temos a vã certeza de que desejamos.

Outros personagens rodavam em torno do coreto, tal qual uma Samsara enlouquecida: nenéns loirinhas de olhos claros exibidas orgulhosamente por seus pais, senhoras que passam azeite de oliva no pelo de seu cachorro de menos de 10 cm de altura, espectadores da Feira sem a menor paciência de parar um minuto que seja em frente a uma peça qualquer, para concretizar uma catarse de mão dupla.

"Qual o preço? Chega sempre? Ah, depois eu volto", e saíam correndo. Num domingo, às 10 da manhã. Há todo tipo de exceções, é óbvio, mas, convenhamos: o que pode haver de tão urgente e que exige tanta pressa num domingo de tempo ameno em que você sai para se distrair? E correndo sem saber para onde ir, dando voltas e mais voltas para apressar o relógio, saciar a ansiedade de estar em todos lugares ao mesmo tempo agora: amar todos, ganhar muito dinheiro, negociar em excesso, preparar a macarronada, pôr e depois tirar o filho do castigo, comprar cervejas para receber o casal de amigos na piscina da cobertura, inaugurada no mês passado...

Meu Deus, só de escrever já estou esgotado... e por já ter vivido isso tudo e Guru na minha, na minha coxa, para nos manter a ambos lúcidos sonhadores.

Enquanto o pessoal do choro se apressa, com pressa pra tocar um ritmo chamado chorinho e para marcar seus respectivos territórios, um rapaz com o cabelo mal raspado máquina dois, uma bolsa cruzada na cintura, bermuda de marca e um chinelo branco — vindo, sei lá eu, do viradão da Lapa, onde a garotada de 14, 15 anos desfila sua bebedeira urgente — dava voltas e mais voltas em torno do coreto, coçando a cabeça, falando no celular, com os olhos marejados e uma postura curvada, típica de quem não aguenta mais carregar o mundo nas costas.

Como de costume, não me isento de nada disso, mas, numa proporção gradativa, estou percebendo a cada dia que passa o quanto estar parado não significa estar estacionado, e o quanto desacelerar é necessário quando constatamos que não sabemos aonde ir... Talvez seja a Síndrome de Bolt, um mal inédito que, se bobear, um psicanalista espertalhão qualificará como o "novo estresse".

Fui-me embora deixando o cenário para trás e, com um andar sonolento, e nada excludente, voltamos para nossa casa onde a TV está quebrada, os telefones não funcionam e uma palmeira de tronco rígido se impõe para que eu a observe ao som de Bach, Billie Holiday, Albinoni, não importa, com o prazer de quem pode até não ter encontrado seu caminho, mas que não corre mais, nem pra pegar o ônibus da linha Muda-Paraíso, porque o mundo não vai acabar hoje à noite... e se acabar, acabou, como este texto aqui. Morro uma vez mais, para renascer em outras "linhas".

Como disse George Bernard Shaw, "a juventude é a melhor coisa do mundo, pena que é desperdiçada com os jovens".

Homem não falha

Me senti pra lá de indignado, sem ponto de exclamação, o que seria uma redundância. Minutos antes de o Brasil cobrar as penalidades do famigerado jogo contra o Chile pelas oitavas da Copa do Mundo, milhões de pessoas viram o choro autêntico, até de certo desamparo e mais do que justificável, especialmente de atletas como Júlio César, Thiago Silva, e Neymar.

Li, vi e ouvi atrocidades desde então, inclusive de profissionais que também devem acreditar que homem não brocha, mulher tem de ser bonita por fora e a felicidade reside em dinheiro, carros do ano, fama e outras bobagens.

Já faz algum tempo que disse a mim mesmo que não escreveria mais sobre temas que me chateiam, mas apenas crônicas espirituosas, irreverentes, provocativas, reflexões ou poemas singelos. Mas alguém que chora tem que ter colhões, isso, colhões de verdade para admitir que chorar é humano.

Minto. Chorar é mais que humano. Não é mítico, e nem sinal de fraqueza ou outras tantas baboseiras com que somos obrigados a conviver. Quem me dera a humanidade assumisse o seu papel de sensibilidade! Talvez a grama em que evitamos pisar, mas na qual adoro deitar e rolar, fosse mais prazerosa e honesta.

O Homem de Ferro chora, o Wolverine chora, o Homem-Aranha chora, o Guru, mestrinho, chora, gatos choram, baleias choram, mulheres choram, as minhas paredes choram, os gêmeos aqui do prédio me enchem de vida quando choram — são crianças, logo, mais verdadeiras do que se tornarão quando crescerem.

Mas, à parte trocentos outros seres de todas as eras, me parece que os homens e mulheres das Organizações Globo não choram, criticam homens que choram, e, pasmem!, veem isso como sinal de fraqueza e fragilidade.

Como homem ainda na embalagem e sem espírito definido, chorei ao ler Seu Renato Maurício Prado, cronista de esporte do jornal *O Globo*; chorei ainda mais ao ver o sofisticado, mas ainda assim "programa de auditório" de Fátima Bernardes pôr em xeque o direito inalienável dos jogadores da Seleção Brasileira ao choro. O humorista "Pararatibum" Veras também não gostou, levou a sério... pobre rapaz, que com seu humor gasto e repetitivo me faz chorar.

O choro é democrático, minha gente. E nisso todos se igualam, ricos, pobres, competentes, medíocres, estagiárias de Direito, lutadores de Jiu-Jitsu e seus pitbulls educados na porrada. Choram os colunistas demitidos, os românticos traídos, os boêmios inveterados; choram os machões, os que não saíram do armário e também os que saíram, os fortes, os fracos, os inquietos, os rabugentos, os carismáticos; choram os personagens de videogames, choram os presidiários, os estupradores e os estuprados. Choram vencedores, choram perdedores (se bem que isso é bastante conceitual).

Enfim, só não choram as pedras, e os omens sem H, que reprimem uma das formas mais autênticas de se manifestar quando vêm a público dizendo-se preocupados com a instabilidade emocional da Seleção Brasileira.

Em pleno Século XXI, não raro me sinto nas Era das Trevas, quando também se chorava.

No respectivo e pontual caso, gostaria sinceramente que Felipão convocasse esses energúmenos a defender uma seleção que sofre a pressão de jogar no país que nossa própria propaganda, e isso é viral, exporta como o "do futebol, das prostitutas e do carnaval", um país que encara um esporte como se fosse uma guerra, em que os jogadores, sei lá, me emocionam e incomodam ao mesmo tempo quando entram em campo numa atitude meio fascista, com a mão no ombro do companheiro, como se estivessem indo para uma câmara de gás ou um paredão de fuzilamento.

É por isso, que, surpreendentemente, tenho cada vez mais me sentido um sueco que nasceu no Brasil, e também sofro um bizarro preconceito por ser louro, de olhos claros, formado na PUC, morador da Zona Sul do Rio etc. etc. E também porque choro, choro pra caralho. Pelos mais diferentes motivos, até por constrangimento alheio de alguns dinossauros que têm a pretensão de reger nossos sentimentos.

MELISSA, MELISSINHA

Melissa era tão veada, mas tão veada que chegava a dar nos nervos de qualquer pessoa. Não se sabe se era contemporânea das Patricinhas e Mauricinhos e nem tampouco das Erradinhas do Lalau. O fato é que o texto é meu, tá de graça, por ora, e eu escolho a época em que ela viveu, ok?

Fato é que ela tinha mais sorte do que todos os finais das versões de *Jane Eyre* para o cinema, inclusive da original, em que ela acaba sozinha, chorando, nos lindos campos do interior da Inglaterra. O final é previsível, fica chateado não. Eu escrevo e você lê, "como todo leitor comportado deve fazer", como diria meu primeiro chefe na Geográfica Universal, o cara mais paizão, competente, boa gente e covarde que conheci.

Enfim, a Melissinha, não a sandália que fez moda um pouco depois do Ortopé, morava na Tijuca, no Rio de Janeiro, mas tinha a cara de pau de dizer que era na Zona Sul quando encontrava aquele bando de cinco ou seis argentinos cabeludos, em suas férias no Balneário Camboriú, em Santa Catarina.

Bom, Melissinha era uma ninfeta, numa época em que Jeremy Irons ainda não tinha fodido toda a sua vida pela Lolita nabokoviana. Era, claro, estagiária de Direito, quando não estava com seu *stupidphone* lilás dando pinta no shopping Estácio de Sá, com filiais em 200 pontos da cidade — dizem até que se você entrar lá para pedir informações já te matriculam na hora, compulsoriamente.

Inventei a Melissa, Melissinha, antes do Evandro Mexquita e da Blitzzz. Ele ficou meio puto, mas como nunca envelhece e é gente boa, jogamos futebol até hoje.

Melissinha era evangélica, não tomava chope de jeito nenhum. Mas, dizem os colegas de *longboard*, entre quatro paredes chamava Satanás, especialmente quando fazia o Candelabro Italiano, uma de suas posições prediletas. A menina só andava com roupa enfiada em todos os trocentos buracos do corpo, sabe Deus como. Bebia Activia pra perder logo cedo aqueles dois quilos a mais, antes de pôr seus dois olhos de vidro azuis da Acuvue.

Era tão egocêntrica que nasceu com dois umbigos. Só andava em círculos, e não saía do seu mundinho de futilidades. Há quem diga que até hoje ela tem uma espécie de autismo do mal, tipo a primeira versão de Carrie, a Estranha..

Bom, Melissa Melissinha entrava no carro do namorado de segunda, e, quando ele perguntava aonde ela queria ir, ela dizia, "Ah, qualquer lugar, benhêêê" (pra mim, esse benhêêê seria fim de casamento, mas há quem suporte). Aí, o bem-intencionado ia a um barzinho simples, descolado, lá no Grajaú, o *must* dos Tijucanos. E pronto, Melissa ficava reclamando a noite toda, "Pôxa, mas tinha que ser logo aqui".

Melissinha também falava com o cachorro fazendo voz de retardada mental. Afinava o tom e lá ia, "Bebezinho da mamãe, cuti cuti, quer cariiinhooo, bilu bilu". Claro que fazia carinho com dois dedinhos, não aprovava a nossa educação de macho... e pronto, era mordida até por um Chihuahua, tamanho P fraldinhas. Bem feito. Era a famosa dona da pior raça de cachorros que existe, o "cachorro de madame". Mas isso eu deixo pra outra hora.

Melissa tinha peitinhos de pera, lindos, daqueles que já nasceram para se encaixar direitinho em nossas bocas. Eles ainda desafiavam a gravidade, o lápis sempre caía na junção dos peitos com o tórax. O problema era seu hálito de bacalhau e a flatulência, mesmo depois de virar de quatro e mostrar suas oito tatuagens de vagabunda. Isso, quando ainda não era moda (me refiro às tatuagens, não às vagabundas).

Ah, como eu queria falar mais da Melissa, Melissinha, versão feminina do Conrado Conga. Mas, pra variar, acabou o papel virtual e tenho mais o que não fazer.

Só um toque: Aproveita, que daqui a pouco vou ficar caro pra caramba... Mas não vou deixar de te cumprimentar pateticamente com a mão ao vento...

É miopia mesmo. Ou não, como diria Caetano Veloso.

A HISTÓRIA DO HOMEM MAIS AZARADO DO MUNDO

O cara tinha tanta falta de sorte, mas tanta falta de sorte, que já mesmo nos primeiros dias de vida foi vítima de uma cagada colossal. Seu pai, um nordestino corpulento que se orgulhava de já ter sido o reserva imediato do camisa dez do Íbis Sport Club, registrou o moleque com nome errado. Com a ajudinha, claro, de um escrivão boçal. Queria um nome americano para que o filho fizesse bonito nesse mundão de meu Deus, onde quer que o filho fosse, e registrou o menino com o nome de John. Mas como era fanho, o respectivo funcionário do cartório assinou "Fon" e com a falha da caneta ainda saiu duplicado, ou seja, o menino passou a se chamar Fon Fon.

Não é preciso explicar que já nos tempos de escola ganhou o apelido que levaria para o resto da vida: Buzina. Sim, era o Buzininha, mais tarde, o Buzina. Quando entrou na repartição pública, já com uns quilinhos a mais — culpa das coxinhas de galinha banhadas em graxa e uma espécie de creme viscoso da rodoviária —, todo mundo o chamava de Buzinaço.

Ainda tinha uma sina, digamos, patológica. O parto teve problemas, e como o ginecologista era o irmão do Anderson Silva, nasceu coxo e carregou uma fratura exposta durante toda a sua malfadada existência. A medicina jamais conseguiu descobrir como alguém podia não sentir dor arrastando uma perna daquele jeito. Uma junta médica recorreu até à equipe do "*Survivors*" e do *Geo Wild*, mas nada pôde ser feito. Conformado, Seu Buzinaço seguiu coxeando pela vida.

Casou-se com uma mulher portuguesa bigoduda, a única do país do craque de futebol emplastrado de laquê. Quando Seu Buzinaço achou que ia se fartar de comer guloseimas típicas, como barriga de freira, ninhos de ovos e pastéis de Santa Clara, veio a frustração, uma espécie de broxada estomacal: a mulher tinha alergia a ovos e não podia chegar perto deles. Foi o fim de papo de anjo para as iguarias portuguesas, com certeza, de Seu Buzinaço.

Mas ele foi tocando a vida. Não era um sujeito dado a humores, para sorte dele e da humanidade. Não precisava comprar Rivotril na papelaria, não bebia e tampouco fumava. Tinha como hobby pescar com um amigo, que sempre conseguia trazer lindos peixes para casa, enquanto Seu Buzinaço se contentava com as botas velhas e com a calcinha autografada "Essa é pra você, Sidney Magal" que conseguiu pescar numa tarde de domingo.

Torcedor fanático do Fluminense, mas distraído que só ele, Seu Buzinaço passou e engomou sua camisa oficial do tricolor e foi ao Maracanã, todo contente. E até se poderia dizer que ele era pé quente, não fosse o episódio em que comemorou um gol abraçando apertado... um torcedor de 1,94 m da *raça*. Isso mesmo. O pobre tinha se sentado sozinho no meio da torcida organizada do Flamengo. Foram três meses no hospital com gesso por todo o corpo, exceto na narina direita, para permitir que respirasse.

Não que Seu Buzinaço fizesse lá muita questão. A essa altura, já estava cansado das coisas darem sempre errado para ele. Pobre homem.

Mesmo ganhando pouco, caiu na malha fina do Imposto de Renda. Foi fazer xixi no Bibi Sucos, e quando voltou, o Eike tinha bebido metade do copo, e pegou intoxicação alimentar no Antiquarius, quando resolveu celebrar em grande estilo as bodas de 10 anos de casado. Acontecia tanta coisa errada na vida de Seu Buzinaço que ninguém sequer tinha vontade de dar uma risadinha marota nos corredores da empresa. A vida do cara beirava a tragédia.

Pra culminar com um dos textos mais tristes que já escrevi, só posso dizer que seu Buzinaço se cansou de tudo. Largou mulher, emprego, o par de meias brancas que ganhava todo Natal. Estava decidido. Iria pegar as economias de toda uma vida e abrir uma pousada em Porto Seguro, no Sul da Bahia. Na pressa, porém, entrou no ônibus de Porto Nacional, e foi parar no miserável Estado do Tocantins.

Depois disso, sumiu. Um dia, saiu no jornal que um homem manco do Tocantins havia ganho na Mega Sena: justo o único concurso de que se tem notícias que foi anulado por falta da bolinha de número oito. Nunca mais se soube de Seu Buzinaço.

E, ainda há quem diga, com certa compaixão: graças a Deus!

SALADA DE QUINOA

Me dá aí aquela salada de quinoa, não, moça, não me interessa o que vem a ser quinoa, contanto que eu possa sentar de frente para a parede dos tijolos sem ouvir o riso histriônico dos outros, quinoa tá tudo bem, ou tudo boa, sei lá eu, ah, e um suco de abacaxi com morango só pro preço ficar redondo, mas nada com tempero fazendo o favor, não finge que sou especial, o freguês número mil, sou apenas o cara da vez e o que vai sentar de costas pro mundo, tempero nem pensar, quero o gosto puro das coisas, ih, tô de saco cheio de fantasiar, nem azeite de pelo de cachorro de madame e nem vinagre, chega de azedo saudável, deixa eu cortejar minha quinoa olhando pros tijolos de costas pro mundo, sem sal nem pimenta nem spray de insanidade açúcar mascavo cristalizado o caralho a quatro nem guardanapo ou garfo vou comer com a mão porque hoje estou de costas pro mundo e mudo, porque toda segunda minha mãe não me deixa falar com estranhos, agora sai, antes que minha quinoa decida discutir coisas sem nexo, ah, e manda os sujeitos de riso histriônico calarem a boca, avisa que o número mil quer comer de costas pro mundo e que Terence Hill, lembra dele, também me ensinou a atirar de costas e depois soprar o dedo, hoje eu só quero sossego, um pouco de Tim Maia e uma mula sem cabeça pra eu não ter de bater boca depois da digestão.

Flores de plástico na Índia

Se Indira Gandhi fosse viva, com certeza não se chamaria Indira, mas Indigo Blues, tocaria uma cítara eletrônica, frequentaria uma boate bate-estaca, faria *Hot Yoga* e só levitaria até o teto rebaixado de um alemão babaca da Bauhaus, ou talvez posasse para as lentes manuais digitadoras de Leibovitz.

Pois é, eu, logo eu, que não sou melhor nem pior do que você, me senti lesado ao montar um puzzle aqui de uma Índia da qual já desconfiava, mas queria que não passasse de um sonho patético de uma noite de verão, ou apenas calorenta.

Mesmo sem nunca ter pisado no país do maior povo supostamente espiritualizado *per capita*, tenho a certeza de que conheço cada viela, cada beco, cada tchibum no Ganges. A Índia me fascina por alguns motivos óbvios. E por suas cores, seus temperos fortes, sua mistura louca, a impossibilidade de viver sendo rico de dinheiro, e mesmo assim exigindo conforto.

Venho percebendo, porém, que seus respectivos mestres iluminados do Olimpo, de Krishnamurti, a Shivananda, de Sri Ramana *Maharshi* a Vimala Thakar e o popstar Osho (pobre Osho), entre outros tantos, sem considerar sua maior ou menor importância, andam se bandeando para o cosmos de Zeus e seus filhos de distinta rapidez de raciocínio; Epimeteu, que fez merda, e Prometeu, que não cumpriu, mas tentou remendar a cagada do irmão, ih, mas isso deixa pra outra história.

Bollywood, graças a Shiva, ainda se salva. Eu acho, né... Em Mumbai, a indústria do cinema indiano ainda produz cerca de 30% de filmes a mais do que Hollywood. A grande maioria de mau gosto, produzida de modo artesanal, salvo o trabalho de alguns cineastas, como Mira Nair, conhecida no mundo inteiro através de seu "Casamento à Indiana" e outros títulos.

Outra produção, o documentário "Clube da Gargalhada e do Riso", mostra uma capacidade que o povo tem de que os paquistaneses não gostam, a de se reunir em praças públicas para rir, alto e bom som, antes de se entregarem aos riscos de atropelar a tromba de um elefante com seus riquixás descontrolados.

O negócio é que a Índia não é mais a mesma, ou o mundo é que andou pra trás, achando que estava ficando moderno pra caramba. O negócio é que desde que George Harrisson e os Beatles descobriram a cítara, e com ela compuseram *Within you, without you*" para o álbum Sgt. Peppers, fodeu a porra toda. Ou seja, a partir de 1968, ano sobre o qual as turmas de jornalismo da PUC adoram fingir que sabem tudo e que revolucionou o mundo, nada mais ficou no mesmo lugar.

Desconfio que até Bangalore, a capital do incenso, já não os fabrica de modo artesanal: no final de semana passado quase incendiei minha casa, tendo de me exilar com o pequeno Guru e suas pernas de Ana Hickmann na sala, onde havia spray de pimenta dos presepeiros orgulhosos do Rio. Fiquei num "Mato sem Cachorro", o filme.

O que não consigo engolir saborosamente é o fato de que uma espécie de luthier de cítaras artesanais já está criando e exportando similares dobráveis com harmonias eletrônicas embutidas e, se bobear, com *double face* para surfar também. Issa!

Nas noites de Nova Delhi já não se surrupiam mulheres gostosas e de coxas grossas escondidas, curte-se música *a la* David Guetta "Bhagavan", em boates lotadas de "ocidentais" de cara marrom.

Aqui pelo Brazil, zil, zil já se pode encontrar nas academias mais "migué" da cidade a deturpação de quem leva a sério a Hatha Yoga, uma das linhas sagradas e milenares meto-dologizadas por Patanjali. A novidade agora é a *Hot Yoga*, uma espécie de mistureba entre alguns movimentos de yoga (é assim que eles se referem aos asanas) com gestos de MMA. Ou seja, tá valendo, e sempre valeu deturpar qualquer cultura em prol do business e das doletas Dom Corleone.

Contra a modernidade, eu? Evidente que não. Seria pensar com antolhos. Mas fico cabisbaixo ao perceber que alguns resquícios de autenticidade se rendem a uma imposição "*maledetta*" de meados do século XX.

Bom, pelo menos, ainda nos restam alguns samurais, *amish* ortodoxos, rabinos sionistas, palestinos terroristas e, provocação, paulistanos e seu engarrafamento paralelo ao Rio... Tietê. Mas se nem o pão francês vem de lá, fazer o quê...

O resgate das gelatinas Royal ou...
Tremei-vos!

Primos distantes da Royal, as gelatinas e pudins não param mais de tremer. Isso, desde que foi mal organizada a manifestação da retirada dos sabores cereja, morango, abacaxi, e do pudim *diet*. É bom ressaltar que os farináceos que engordam não foram libertados, o que, convenhamos, é uma baita discriminação.

O movimento, denominado de "Tremei Royal", foi organizado por tias solteironas, aquelas que realmente ficaram pra titia, mulheres malcomidas e gente que defende todo o tipo de animais, desde humanos, chatos, coisas, troços, surfistas, estagiárias de Direito da PUC e citadores de frases de Facebook a feministas que adquiriram o direito a oito turnos para, logo depois, reclamarem dos mesmos, além, é claro, de quem largou no meio a partida de Buraco, só porque não tinha ainda feito uma canastra real nem pegado o morto.

As gelatinas que já estavam nas formas experimentais ficaram inconformadas, pois o grupelho pentelho de "manifestantas" e tantas passou batido pelo setor de testes. Sim, isso mesmo. Os Institutos Royal, em parceria com os Sucrilhos Corn Flakes, estão utilizando um percentual de dois por cento dos produtos, no máximo, para criar um medicamento contra quem odeia o horário de verão e adora acordar nas trevas só para encher o saco das pessoas, fingindo conhecimento e demonstrando uma ignorância atroz; e na frente também.

O ministro do queijo Minas, já curado, e o da energia desperdiçada em secadores de cabelos se mostraram, pasmem!, favoráveis aos testes no laboratório, apelidado na região como "Treme--treme d'Ors ou Pão Sírio e Libanês. Em declaração feita por sua assessoria de imprensa, afirmou que já era hora de as senhorinhas que pintam seu cabelo com formol ficarem inconformadas, lutarem com todas as forças para que as gelatinas, pudins e mingaus tenham uma textura mais condensada, e parem de cair no chão do quarto eternamente redecorado de seus filhinhos que vivem em condomínios fechados, sem sequer saber que existe uma cidade além do mundo mágico de Dorothy ao seu *alrededor*.

Outro grupo de manifestantes, denominado "Plunct--Plact-Zum", até que tentou salvar também os farináceos. Mas foram contidos pelos soldadinhos de chumbo de nossa infância e pelos bombeiros da Playmobil, que tanto me fizeram feliz (ih, mas eu não tenho nada a ver com Wilson... esquece).

O que pouca gente sabe, porém, é que alguns dos farináceos, importados diretamente de Massachusetts e do Instituto Stefan Zweig — especializado em destraumatizar as crianças que têm de gritar "Presente!" por último nas salas de aula —, estão sendo usados como cobaias voluntárias para darem liga quando vão ao forno em receitas caseiras de bolos, tortas de amora das vovós Donaldas e cookies mal feitos para a visitinha inconveniente de última hora.

Mas, ilude-se quem pensa que foi fácil o resgate do Soldado Ryan, digo, das Gelatinas Royal. Nada disso. As titias chatas tiveram de passar por um curso preparatório nas Indústrias Quaker, onde em pouco menos de quinze dias tiveram de aprender a sorrir igual àquele logotipo *amish*. Na pressa, o grupo acabou deixando alguns quadradinhos coloridos daquelas gelatinas fáceis de fazer, que enganam os namorados das filhas das senhoras apelidadas de "Legião dos Mutleys" (medalha, medalha, medalha), se espatifarem no porcelanato do laboratório, que ficou infestado de todos os tipos de cores e formigas.

Em declaração após a invasão das chatonildas, a Gelatina Aerada e seu marido fiel, o Doutor Leite Condensado, também conhecido como Creme de Leite pelos mais *íntimus* e sempre-livres, disseram, indignados: "Esse manifesto e a mó furada".

O que se pode adiantar até o momento é que as geleias de Mocotó Inbasa, que desapareceram das prateleiras, serão os próximos alvos das presepadas.

Mais informações a qualquer momento, em edição totalmente desnecessária, mas eu, hein... ou, como o outro diz:

— É o procedimento... É o procedimento...

Mitos e verdades

O título parece novela da Rádio Nacional de 1950, mas há axiomas que não são fatos empíricos, longe disso. Mas o bom senso aponta para o "quase certeiro", o que, convenhamos, num mundo tão repleto de dúvidas, já é um caminho pra lá de palpável. Hoje, por exemplo, o dia de domingo está ensolarado. Geralmente a deprê, com ou sem motivo, vai chegando preguiçosa e disfarçada de melancolia democraticamente para todos, quase sempre com o início do "Domingão do Faustão", e inexoravelmente, com a chamada do "É Fantástico!". Não obstante, é preciso deixar claro que a ideia é apenas generalizar. Ninguém pode garantir que você esbarre com o "quase amor" da sua vida, a Isolda do Castelo ou o D. Quixote poético, mas que passou naquele concurso da Petrobras, mostrando que idealismo e pragmatismo podem andar de mãos dadas. Com moinhos de vento ou não.

Antes de a deprê chegar, no entanto, existe o quase impensado e preguiçoso hábito de não arrumar a cama. Hoje não é dia de arrumar nada, exceto para uns e outros com TOC de limpeza e faxina. Mas não toquemos neste assunto. Domingo é dia de você escolher entre uma série de programas fiados e voltar para a cama, estrategicamente desarrumada para dar a gostosa impressão de que somos donos de todo o tempo do mundo. Dê um foda-se para as pressões de acordar cedo, despache os filhos para a casa de um amiguinho com o videogame mais moderno — aquele de matar velhinhas sob uma poça de sangue —, e vivencie a sua cama e seus travesseiros de penas de ganso da imigração do Polo Norte do próximo Globo Repórter.

Deixe tudo pra amanhã. Deixe tudo pra amanhã.

Até porque, contrariando o provérbio popular, nada melhor do que deixar para amanhã, ou para depois de amanhã... o que você poderia fazer hoje. Não é mesmo?

Deixando o domingo um pouco pra lá, também convivemos com mitos gastronômicos, reforçados por uma mídia manca e pela Universidade de Massachusetts (tudo é sempre lá). Uma das penúltimas edições de uma revista semanal destacou, ora veja, o chocolate na capa, de uma forma imprudente, inconsequente e burra, como quem diz, "coma chocolate à vera, e qualquer coisa me processa". Já são tantos os processos que só assim nossa equipe de advogados (e estagiárias de Direito) podem garantir seus lanchinhos e seus respectivos empregos.

Para não ficar remoendo demais temas já gastos, volta e meia convivemos com os saudáveis ovos, chocolates, carnes, dietas das sopas e suas recorrentes diarreias etc. Posso estar errado, e isso é sempre um bom sinal, sinal de que estou vivendo, e como tal, aberto a novos aprendizados. Um cálice normal de 300 ml de vinho tinto por dia traz benefícios cientificamente comprovados para a saúde, o que pode prolongar a vida de quem o degusta. Isso, se você não morrer atropelado enquanto sai pra desfilar aquela bermudinha com os bolsos pra fora, porque é moda, ainda que não se saiba o motivo.

Há também, algumas verdades, duplas que combinam e caem no ocaso quando se separam, como o ovo quente e o copinho de ovo quente (saudades, mamãe) e o arroz com feijão, que já foi responsável por Edmundo voltar de Florença, uma das cidades renascentistas mais encantadoras do mundo, como outros patetas que dão botinadas nos campos europeus de futebol e voltam de países repletos de cultura com saudades do futevôlei e da *rapeize* do funk.

Mulheres e frutas também parecem cultivar uma simbiose natural, imagino que comer um morango, uma fatia de melão ou uma maçã me deixe com a sensação de que fiz sexo. Quando caem as sementes da melancia, então... pronto, é porque o orgasmo se consumou.

Sandy & Junior nasceram para dividir os palcos, e tanto é verdade, que, uma vez separados, Sandy virou uma *cover* excelente, e Junior, acho eu, se esconde atrás de uma bateria. Isso, quando o vejo no "Altas horas", comandado por um velhinho gente boa que teima em não envelhecer... o Serginho lá da rua, lembra dele? Da mesma maneira como o atacante David, ex de vários times, inclusive o meu Flamengo: ele e os gols perdidos vivem um romance dos mais *calientes*.

Anda no esporte, viraram mito os corredores de 100 metros rasos e o ciclista Lance Armstrong, pôster de superação na mais badalada academia de Maringá no pouco tempo em que lá trabalhei, mas sem serem pegos no doping não tem graça.

Gosto muito também dos ídolos de barro. Tenho até uma teoria particular em relação ao fanatismo burro de anônimos e os respectivos objetos abjetos de desejo. É o que eu costumo dizer: quer se tornar um mártir, por pelo menos 24h? Morra e ponto. Amy Winehouse divertia seus súditos, que iam aos shows esperando que ela caísse de bêbada, derrubasse o microfone e *otras cositas*. Morreu em circunstâncias misteriosas e virou mártir.

Mas o negócio é morrer novo, de preferência de overdose, em circunstâncias sempre misteriosas, dignas de um romance policial de Raymond Chandler. Aí "o longo adeus", nunca se desfaz, com exceção do lendário Elvis Presley, que assim como os OVNIS é visto no mundo todo, geralmente em cidades pequeninas do Texas ou do Nordeste brasileiro.

Ih, tem mais, tem muito mais. Talvez eu continue, afinal, é a lei instintiva da vida. Mas não agora, não agora! É que hoje tem pastel, sempre com seu par homossexual, o caldo de cana, hehe.

DOR DE BARRIGA NO METRÔ

Trinta e seis segundos e oitenta e nove centésimos: este foi o tempo em que dei, provavelmente, a cagada mais rápida da minha vida. É possível até que eu tenha batido o recorde jamaicano de atletismo dos 4 x 100m, mas em tempo de merda, não em corrida.

Explico. Mas tira os peitos do teclado primeiro, fazendo o favor.

Acordei em plena segunda-feira, dia como qualquer outro do ponto de vista físico, mecânico, enfim, e saí pra resolver um problema particular na casa de mamãe, em Copacabana. Como moro relativamente perto do Metrô, Estação Flamengo, o mesmo respectivo transporte mais odiado pelos manifestantes que lutam renhidamente pelo direito dos claustrofóbicos, entrei na estação, fiz a conexão burra na Siqueira Campos e saltei no Cantagalo... crente que nem gente que tinha resolvido o problema.

Fiz o caminho de retorno. Uma dor aguda no chacra da realidade (aquele em que você tem dificuldade para lidar com os cretinos), me fez intuir: *vai dar merda, cara... vai dar merda.*

Entrei na Estação Cantagalo, e quando já estava quase no centro da Terra, começou a me dar uma dor de barriga controlável. Sim, eu disse controlável.

Vejo os atletas engravatados correrem ao ouvir o som do

metrô, que não sabem se chega ou se vai, e para onde... confirmando o movimento retilíneo idiota da humanidade, que teima em correr sem direção.

Enquanto isso, pratico o meu ritual de dar aquela paradinha numa loja de pães de queijo, comprar um copão de mate e outro de pão de queijo. Desacelerando, desacelerando.

A dor de barriga começou a apertar, de tal modo que iniciei os movimentos respiratórios, que na minha cabeça são similares aos que aliviam as contrações do parto

Com a experiência de aventuras e roubadas jornalísticas, tendo material suficiente para publicar um almanaque tipo "Danusia Bárbara, os banheiros com papéis higiênicos molhados dos botecos do Rio", adicionado a um jogo de cintura de quem entregou um trabalho sobre "A Origem da Tragédia" lendo só as orelhas do livro, olhei para os lados de soslaio. Estava delimitando o território do meu cocô: quatro pães de queijo no copo, aquele suor que começando a escorrer pelo rego enquanto procurava o banheiro, isso, depois de sujar meu braço todo com o doce de leite de uma boçalina que vendia bugigangas numa bandeja.

Tentei bater na porta, arrombar, gritar, espernear... e nada, e a merda querendo sair, até que me informei de que só seria possível usar o banheiro dos funcionários. Ok, pus a bolsa para atrás, subi eternas escadas rolantes com respiração parental (xingando a família) e falei direto com um guarda, enclausurado numa sala de vidro, tipo um BBB 15:

— Bom dia, vou ser direto. Preciso ir ao banheiro e gostaria que o senhor me ajudasse, uma vez que, blá, blá, blá...

Ele tentou se evadir, mas acabei o convencendo a abrir um banheiro exclusivo, primeira classe, dos funcionários. Isso, pouco depois de ouvir a seguinte pérola:

— Mas dotô, faz o favor de ser acelerado.

Quando ele falou o "ado" eu já estava feliz da vida, sentado no trono, sobre os papeis que nossas mães ensinaram a pôr em cima das tábuas. Limpei a bunda, puxei a descarga, peguei a bolsa, apaguei a luz, e cheguei a tempo. Agradeci ao guarda e indaguei:

— Mas eu vou precisar comprar outra passagem? O banheiro do metrô está em manutenção desde a Copa do Mundo de 1950, quando ainda nem existia!

Aí o Recruta Zero concordou que isso estava errado, mas emitiu a segunda e derradeira perola:

— É o procedimento, é o procedimento...

Então, fica a dica: quando você se aborrecer, não reaja, não fique nervoso, não mande ninguém se foder... apenas diga: "É o procedimento, é o procedimento".

Dez por cento

Vou tentar ir direto ao assunto, mesmo abusando das curvas. Não é que a cabeça dói, mas é que não há bons neste mundo, apenas maldosos com preguiça, como diz, não textualmente, o sábio moçambicano Mia Couto. Qual a relação? Se vira. A vida já é dura demais pra eu matar tua fome com meu pão na chapa.

Enfim, vou apenas contar uma historinha que me aconteceu agora há pouco, logo ali, num meio restaurante, meio lanchonete, do lado de fora da porta que separa o mundo do Chapeleiro Louco da vã realidade, onde transeuntes me roubam momentos fundamentais do viver no presente.

Bom, me sentei para pedir um almoço executivo, que de executivo não tinha nem um pedaço da gravata no meio da salada Caesar (soa chique, né, mas é só alface com alfafa e uns *escroutons*). O local estava cheio de humanos almoçando para desanuviar do trabalho, e falar... de trabalho. Peguei uma mesa no cantinho da existência, com mais três lugares vagos. Sim, vagos, porque preciso de espaço para deslizar minha finitude.

Entre a opção de quatro pratos que levavam nomes de bairros do Rio, escolhi o tal Urca. Em suma, tirando os molhos de nome paquistaneses e as frescurinhas que fazem o arroz de brócolis vir em forma de montinho de areia no baldinho, vinha um frango grelhado e umas 12 ou 13 batatas *noisettes*. É, deu pra contar, porque até que me viesse o tal "Urca", passei por Ipanema, Méier, Pavuna e até Ricardo de Albuquerque — provavelmente uma buchada.

Ok, eu estava tranquilo... Cada dia tá mais difícil, tirando o próprio autor, algo ou alguém me tornar reagente de limão. Não é impossível, mas tenho feito um trabalho duro, repleto de conquistas de Dudinka e Vladivostok no meu "War" da paz.

Mas é aquilo, né. Não sou mais um homem bom, apenas um homem justo. Ponto. E, se você não é um doutor em Madre Tereza de Calcutá, se liga, que de acordo com sérios estudos e um documentário crível na TV, a mesma morreu blasfemando contra Deus, mas isso é briga de cordeiros grandes e não me meto.

Evidente que turbas de quatro ou mais pessoas chegaram segundos após eu me sentar e perguntar gentilmente à garçonete se não haveria problemas quanto ao que foi descrito, vamos aqui chamar a gostosinha de coxas grossas de "Sebastiana Vettelina". Explico. Ela corria apressada, de lá para cá, numa corrida que me lembrou aqueles descerebrados do metrô (vide acima, eu, hein...), e a pressão era dela para com ela mesma, ao menos não ouvi nem senti a atmosfera pesada no ambiente.

Juro, se eu jogasse no bicho, ou se você joga, aí vai uma dica: joga na cabeça do 5, provavelmente o burro. Sim, porque nada de a comida chegar, e de tanto ouvir coros de "A mesa 5... por Cristo, a mesa 5... o rapaz dos olhão verde já tá lá há uns 40 minutos", lógico, supus que a tal da mesa 5 amaldiçoada era a minha, embora talvez não saibam que estou numa árdua jornada de fingir que estou no mundo, sem estar no mundo, Krishnamurti fala bem sobre isso.

Então, segui minha epopeia, digna do personagem "o fantasma que anda": tranquilo, vendo Seedorf perder um pênalti bizarro, entoando mantras mentalmente (são bons para substituir filhas da puta) e bebendo minha água tônica com aquele limão que não faz diferença, mas é chique, né não, Narcisaaaa?

Após vivenciar e me enamorar de cada pedacinho de comida, adiantei a conta e, depois de pensar uns décimos de segundo... ok, você precisa entender que, eu mesmo permitindo ou não, em décimos de segundo penso pra caralho, quem me conhece sabe disso... mas tem dificuldades em acompanhar... Ok, a culpa é minha, é e será, combinado?

Bom, chamei discretamente a querida "Sebastiana Vettelina" e lhe dei um toque, metaforicamente. Não conselho, que se isso fosse bom, ah, clichê... A garçonete se achegou depois de seu perfume, erro crasso que deve estar no livro da Glorinha *Esfiha* Kalil, e me escutou com um certo olhar bovino, lá fui eu de novo...

— Ó, não sei da sua vida e nem me interessa, mas não vive correndo mais do que é possível, estou dizendo isso por experiência própria. Sua saúde é mais importante que tudo, e se teu chefe não entender isso, ele é um bestalhão, e empregos não hão de faltar procê. Se lembrar, pensa nisso antes de dormir...

Já estava me levantando, feliz da vida por um dia de escoteiro em acampamento urbano, quando a garçonete gritou, em *heavy-metalês*:

— O senhor esqueceu os 10%!!.

É... vida que segue... Vou nessa, que tenho mais o que não fazer...

Por um punhado de paz

Era um homem que sabia demais, parecia letra de música feita de ouvido. Não entrava em filas nem pra ser milionário, nunca soube o que fazer com dinheiro demais. O negócio do sujeito era consumir paz, mas, eis aí sua miséria maior: como e onde adquirir um produto tão insosso para o mercado como a sensação de paz?

Certa vez, ele tinha ouvido de um melancólico comedor de melancias que paz não era um produto fácil de se encontrar, nem tampouco de se vender. Os comerciantes, lhe dizia o amigo, não sabiam como divulgar ou fazer um marketing tão bom quanto o do garoto, hoje velho Bombril, ou dos trocadilhos infames do Hortifruti, ou Ortopé, "Ortopé, tão bonitinho", lembra? Sucesso na décadinha de 1980 com o pequeno Ferrugem, acho que o Ortopé nem existe mais. Diz a lenda, porém, que Ferrugem e seu pé de feijão continuam lutando contra os gigantes preconceituosos.

A paz, meus caros, anda desvalorizada demais. Nem mesmo cinco mil Narjaras Turettas e aquele centavo que não te dão de troco e que nos afeta tanto — inutilmente, diga-se de passagem do ônibus —, caso você, eu, ele e todos nós percebamos a inconsistência de perder o, digamos, fiapo de paciência que nos restou no final de mais um pôr e tirar de sol conseguem mudar isso. Aliás, a paciência também não anda fácil de se achar por aí, não.

Mas, voltando ao que nos desinteressa, a tal da paz deve estar mesmo fora de moda, é o que eu digo ao ver gente dedilhando celulares, umas ao lado das outras, nos metrôs, filas de cangas indianas estilizadas, entrando em livrarias para ver se vendem cigarros a varejo e se escondendo atrás de uma folha virtual, invenção bestial para um bando de bestalhões que se negam a cheirar plantas de verdade. Ok, os Titãs já dizia que flores de plástico não murcham. Mas tampouco renovam os ares viciados.

Enfim, como todos os homens que sabiam demais, ele passava incólume por onde ia. Era vegetariano, número cinco na escala *beterraba-richter*, e usava desodorante *"invisible"* para passar batido. Tinha a cara de Woody Allen, mas não tinha uma noiva neurótica — pasmem ! — nem tampouco se esforçava para praticar aquele humor judaico-nova-iorquino que a maioria das pessoas não apreciava... ou não compreendia... ou talvez não compreendia porque não gostava, ih, calma, que se você for surfista ou estagiária de Direito da PUC eu explico oito vezes, mina, valeu, *bro*.

Vou ter que deixar a paz um pouco mais para a frente, meu rapaz, assim como os bolsos e algumas rimas pobres. É que tá naquele horário em que mais gosto de desviver, seja lá o que isso for, quando as poeirinhas dançam uma sonata de Albinoni à sombra de minhas cortinas de contas do Saara. Entendeu, criatura?

Volto mais tarde para terminar mais esta brincadeira de letrinhas, porque a vida anda complicada às pampas nesses tempos nos quais todos se massacram moral, física e mentalmente por um punhado de grãos de paz.

E só pra simular um final, seu cara de pau, enquanto Guru me lanha todo, feito uma foto de Instagram no cio, o tal indivíduo lá de cima — do texto, não Deus, pô... — continua a andar, e andar e andar... Sim, ele sabia demais... mas saber demais não traz paz...

Sabia?

Um dia simples e genial

Ontem o meu dia não foi nenhuma Bárbara Heliodora, quando detonava todas as estreias teatrais, do pipoqueiro, passando pelo rasgão da poltrona, à direção e atores. Seria um dia normalíssimo, até, não fossem alguns detalhes de quem não teve uma aparente pressa de viver e caminhou e percebeu no ritmo de Martinho da Vila, ou seja: "É devagar, é devagar, devagarinho..."

Devo esse novo tema às minhas incursões com Guru à terra de gigantes criaturas humanas, ao deixar a modorra de lado, pondo uma calça branca de elástico, uma camisa vermelha e um tênis branco com detalhes em laranja. Claro, com a bolsinha bege cruzada no corpo. Pronto. Uma vez paramentado como ex-intelectual em atividade, decidi ir ao Centro Cultural Banco do Brasil para respirar um pouco de cultura. A quem interessar possa (e a quem há de?!), costumo gostar muito de museus e exposições, e vivenciar uma espécie de catarse catalisada pelas obras.

Meu interesse inicial era conferir as fotos da atriz e diretora Charlotte Rampling, em algumas também a modelo, movido ao som suave de Jean Michel Jarre, mas sabia que não ia ter jeito, acabaria também sendo assaltado pelas sensações, prazerosas, da mostra mais badalada do momento: dois andares com fotos, pinturas e esculturas de artistas femininas, quase todas contemporâneas, importadas do Centre Pompidou, em Paris.

Apesar de viver num momento um pouco sexista, e sabedor disso, não podia deixar de conferir a mostra, onde moçoilas não fazem cara feia para mim, diferente do metrô carioca, quando entro nos vagões prioritários "delas" (elas compraram, foi?) entre as seis e as nove e num outro horário aí, à noitinha.

Devo informá-los, meus caros, de que museus e toda forma de cultura em geral descarregam em mim uma espécie de endorfina, equivalente às minhas práticas esportivas e à sensação de fazer o bem. Verdade que não chega a durar mais de uma hora, mas aí percebemos que é tempo de renovação, e assim roda a Samsara, sempre buscando mais, porém respeitando o referido refrão, interna e externamente, no que diz respeito à minha pessoa, claro: "É devagar..." Divagar também seria apropriado, então uno os dois, *divagarzinho*.

Uma vez posto que fui à exposição, da qual tratarei com o devido respeito a qualquer momento — ou não, como diria Caetano —, vamos ao que interessa, e que, juro, tinha esquecido completamente.

Ao sair do centro cultural, fui andando pelo centro do Rio, sem a pressa do centro do Rio, o que é maravilhoso, e me dá uma certa sensação de vingança dos executivos que vejo entubarem quibes, joelhos e porcarias goela abaixo a todo instante. Entrei no metrô, desci as escadas, e, após garantir o meu bilhete unitário, diante de um caos que já estava se formando no fim da tarde, aquele proporcionado por maratonistas da insensatez, parei ao ver um estande que me trouxe memórias incontestes: um vendedor do cachorro-quente Geneal — nove entre dez frequentadores do Maracanã nos anos 1980 devoravam um, depois mais um, e antes do gol do Zico no último minuto, o terceiro. Com direito a ketchup de garrafinha plástica vermelha e mostarda de garrafinha plástica amarela.

O momento era mágico. E, diga-se de passagem, simplérrimo, o que o tornou mais mágico ainda. Ok, o Geneal já ameaçou retornar aqui e ali. E o melhor é que eu não estava nostálgico, mas sim com fome de nostalgia e resolvido a chutar o balde. Até porque acredito que o que engorda é a culpa, não as calorias. E se engordar, foda-se.

Servido por um garotão gente-boa, com o boné virado pra trás e com troco para cinquenta (cruzes!!), pedi o primeiro, com aquele pão molinho e a salsicha delicada dentro. Mudou o ketchup, agora no saquinho, bem como a mostarda. Permiti que o molho caísse caprichosamente na minha roupa, e, como de praxe, pedi o segundo ao som dos apressados, que me lembraram o Maraca de antigamente, com jogo no meio da semana, vazio e saboroso.

Degustei o Geneal mordida por mordida, como se transportado para a Maravilhosa Fábrica de Chocolates. Isso! Tinha aberto a embalagem dourada do chocolate prateado, num dia que tinha tudo para ser insosso. A exposição foi genial, a caminhada entre as criaturas foi genial... e, ah, o Geneal foi, esse sim, genial! Com gosto de simplicidade, de amigos de verdade, papai com roupa de médico nas arquibancadas de cimento.

Ontem voltei com um sorriso pra casa.

A FELICIDADE MORA AO LADO... DE UM PRATO DE MIOJO

Eram pouco mais de três e meia da madrugada, e ao cair da cama com uma bundada de Guru, o Mel Gibson do Flamengo, percebi que estava com uma fome danada, como se fosse um urso polar imediatamente após seu primeiro bocejo, depois da hibernação de alguns meses num iceberg em extinção

Peladão e com a mão no bolso, primeiro liguei o *note* na sala, dei uma olhada na mesmice e fui até a cozinha. Guru dormia, suas duas mil e oitocentas papilas olfativas ainda não tinham sentido o cheiro sem cheiro do Miojo — o Nissin Lama, filho de Miojo I, como era conhecido o Dalai antes de enfiar o pé na lama, como eu.

Peguei um dos oito saquinhos de Miojo — que nem dá pra tapar o buraco do dente —, a panela Tefal novinha, liguei o forno, que só costumo perceber que existe quando preciso saber das horas, estampadas na frente do fogão, e, tcháááá, derramei o Miojo na panela e acendi o fogão (é *muderninho*, mas eu acertei... ah, moleque!!).

Voltei para a mesmice dos posts de Caio Fernando Abreu, que anda sendo psicografado por algum médium anônimo, e quando lembrei fui conferir a massa compacta e cimentada do

Miojo. Legal, já tinha sido devidamente desgrudado. Como não tenho escorredor, estava escorrendo a água direto da panela, quando... pololoft!

É. Meu Miojo, escorregadio como as declarações de amor de hoje, caiu em massa (perdão pelo horroroso trocadilho), e o resgatei do Titanic da minha pia com garfadas e mais garfadas, tentando catar todos os fiapos que podia.

Trabalho feito, tirei minha luva de bichinhos de Walt Disney e pus o combalido Miojo num prato verde, para alguma coisa combinar com os meus olhos e fazer bonito pros ecochatos. Pus um tempero caseiro de saco da Pomarola, cortei meu dedo na embalagem ridícula, bolada pelo Olivetto, e misturei bem a gosma, até ficar no ponto... de jogar no lixo. Só pra finalizar, Miojo do puro tem de ter aquela Coca-Cola mentirosa de 127 calorias. Aí foi só festa.

Agora continuo com uma fome de estivador, Guru roubou meu cobertor, e já que tô no ora, veja, vou ver o filme do indomável ícone matemático, mais conhecido como "As Aventuras de Pi". A qualquer hora tem mais, a não ser que você prefira o meu arroz de morango, hehe.

Essa brincadeira toda serve para concluir uma coisinha importante e totalmente cabível nos dias de hoje: a felicidade, meus caros, não está na ilusão, distante do alcance de suas mãos. Ela é bem mais palatável. Matei ou morri a minha fome com Miojo e Coca e fui feliz por quinze minutos.

Ah, o Andy Warhol? Deixa ele na tumba, abraçado com suas latas pop de sopas Campbell.

A DIFÍCIL ARTE ZEN DE MORRER

Eu não sei o que você fez no verão passado, e nem tampouco no inverno, outono, primavera. Mas, sinto muito, você vai morrer!!

Fica aí, relaxa, fecha o horóscopo do jornal, que cê vai morrer sim, como todo mundo, só que não é hoje não. Pelo menos resiste até acabar de ler. Supondo que já bateu na madeira, pé de pato, mangalô três vezes, espalhe a bunda no pufe e leia esse textinho de humor cinza... não chega a ser negro não, prometo. Até porque, se tem uma coisa que anda difícil pra cacete é morrer.

Pode parecer esquisito para os homens de má vontade, porém é a pura verdade. Constatei isso há quase 20 anos, quando papai foi-se de vez para Alzheimerland. Nos momentos que antecederam o enterro judaico ($$$$$$), fui com minha mãe, pasmem!, até um escritório inspirado na Bauhaus, em Gropius, sei lá. Quando entramos, fomos recebidos por um rabino com uma foice discreta, num pôster de Pânico 200. Ao me sentar ao lado de minha mãe, não acreditei no que vi, ainda que tendo de ver para crer.

O rabino chupa-sangue pôs um livro grosso, que pensei ser a edição de aniversário de 30 anos de Casa Cláudia ou outra dessas de decoração em que um guarda-chuva de Juánez, ou

Juanito, ou Juanão custa quatro mil e trezentos reais, "ah, mas é exclusivo..."

Ok (todas as revistas sempre fazem aniversário de 30 anos, já percebeu, mesmo as recém-lançadas). *Factum est* que a respectiva publicação oferecia em suas páginas caixões, lápides, letras de todo o tipo, em mármore de Carrara, folheadas a ouro e absurdos que fariam Salvador Dali e daqui ficar com os bigodes em pé.

Adiantando a fita... grrr, o enterro de um corpo vazio de tudo deve ter nos custado o preço de um apartamento com vista para o mar. Isso, porque mamãe ainda pagou mais caro por acreditar em crendices do tipo "não é de bom augúrio ficar perto do muro do cemitério" e outras cascatas dos homens que jejuam uma vez por ano, seja por fé ou por economia.

Veja bem, eu posso sacanear a minha religião de origem, mas você tem de ser espirituoso para tal, senão, mete o pé pelo meu texto agora... e vai ficar sem sobremesa, ai, ai, ai.

Em tempos de falastrões apocalípticos, a gente tenta, tenta, se esforça ao máximo, mas esbarra em tentativas fracassadas de morrer, seja de morte morrida ou de morte matada, o que não vou explicar agora, porque ando sem paciência e sem *pochette* na cintura. Até porque, o suicida só se legitima quando morre, o suicida fracassado é apenas um sofredor, como a maior parte de nós. No fundo e no raso, ele clama por atenção e misericórdia. Ele, meu amigo — ou eu mesmo, até pra livrar a sua cara —, quer porque quer ter a pretensão de ser o maior sofredor do mundo, espécie de vaidade às avessas.

Vou repetir, pois isto é interessante: temos uma vaidade às avessas quando pensamos, e com certa razão, que a nossa dor é a maior do universo. E é mesmo, viu, ô Freud, Lacan, Melanie Klein e holísticos espalhados feito ácaros aqui e ali.

Morrer é difícil, gente. Já tentei ligar o gás, e um chato do telemarketing me achou, eu tinha esquecido de desligar os fones. Já tentei pular da cobertura de um prédio, mas não escorreguei, e ainda voltei pra casa escoltado por um carro da polícia. Cortar os pulsos, esquece. É foda, só deixa marcas que atiçam os feromônios femininos e não adianta, até atingir os pulsos, já perdemos a paciência. Ser mordido por um cachorro, nem pensar, eu é que acabo passando a minha raiva para ele. Ah. Fumar, quando era moda na Paris decadente... também não presta. Você pode fumar duzentos maços por dia e morrer de velhice, ou atropelado aos 108 anos. Não tente ser preso se autodenunciando de atos que você nunca cometeu. O inspetor da tal DP vai te dizer que nada pode fazer, por mais que você implore um xilindró repleto de estupradores de loirinhos de olhos verdes.

É um assunto complexo, mas como é de praxe, não costumo matar meus temas, até para poder ir seguindo como um mero contador de histórias. Morramos, então, em vida... para que, doutrinas e religiões à parte, possamos renascer fortalecidos e cheios de fome para devorar a comida saudável... e cheia de inseticida.

Calma, isso também não mata... Aliás, tenho a impressão, a cada vez que escuto um "menas", que é a burrice galopante que ainda vai me fazer ter um infarto (ainda vão inventar um tênis Nike com ferraduras). Então, coluna ereta, mente quieta e coração tranquilo... e sigamos. Pode jogar seu tarô, que a carta da caveira não mata, não, viu? Só avisa que *cê* tem de emagrecer aqueles dois quilos a mais, toda segunda-feira.

UM SUECO NASCIDO NO BRASIL

Cheguei...

Não, não sei bem aonde, mas um profissional oportunista diria que devo estar borderline, enquanto assino aquele cheque que lhes garante mais uma prestação da casa em Búzios.

Enfim, é possível mesmo. Só não sei se peço pra me empurrarem, ou se empurro aquele (mal)feitor. Passaram-se séculos e sinto que, talvez com mais um pouquinho de gente espalhada por aí, a escravidão só foi abolida no papel, e que a senzala assumiu dimensões tão estratosféricas que basta pisar na rua pra que chicotadas ardentes comecem a descer no seu lombo, sem que você saiba o que fez ou de onde e por que motivos estão te machucando tanto.

Desta vez, não é por você, Frejat, caro malandro do bem, que sem querer peguei usurpando tais versos de um original do "miserável" Victor Hugo. Ah, mas nada é pra já, Frejat... Deixa quieto, porque muito mais urgente é pedir piedade...

Eu, sempre tão patriota, desde que nasci, junto com o nosso país tupiniquim de um futuro que nunca chegará (sinto muito pelos seus netinhos, minha senhora/ meu senhor), ouvi o seguinte de um babalorixá, quando estava esmagando os caquis que comprei no mercado: "Não adianta, meu rapaz, você é um sueco que foi deportado para o Brasil, ao lado da escória portuguesa".

Mas eu? Logo eu, que na Copa do Mundo de 1982 cantei tanto o refrão "Voa canarinho voa", que embalava em vão o voo de nossa seleção?

Quem é o maluco aqui? Quem aqui é o são? Quem aqui está a salvo? Quem aqui acha realmente que viver não é preciso, mas navegar é preciso?

Como sempre, já vou quebrando os críticos que fazem hora extra nos meus textos, pois não pretendo esgotar assunto nenhum nessas letrinhas que esperneiam como eu mesmo nos tempos de infância, quando dei a falta de sorte de derrubar um pote de ambrosia logo depois da faxina...

Tudo bem, as porradas e os hematomas vindos de fora são fichinha. Mas algumas coisas seriam e deveriam ser divertidas, não fosse o pernóstico gosto humano pela antropofagia.

Chorão morreu. Não chorei, mas respeitei e respeito o cara. Por que ninguém que gosta de achincalhar esteve perto pra fazer o Chorão rir, ou saber do que ele precisava, quando ainda era possível? Agora vou dar uma vomitada sem lógica, para expor as *idiotassincrasias* do mundo com o qual temos de conviver, enquanto não damos a sorte de naufragar ao lado do personagem de Tom Hanks, tudo pra poder ter a amizade nada invasiva de uma bola Wilson... Meu Guru é minha bola Wilson; é o Haroldo de mim, Calvin; é o coelho de mim, Mônica; é o espírito de mim, fantasma que anda.

Ouvi falar que de hoje em diante será proibido ler dentro do metrô, para não atrapalhar quem teima em falar alto no celular, geralmente sentado do seu lado. De hoje em diante, se seu joelho sofre de lesão de menisco, ou se você tem uma crise de ansiedade, terá direito a se sentar no banco dos (d)eficientes. De hoje em diante, os cagadores de regras de cabelos brancos e com mais de 60 na carteira de estudante têm de se dar ao respeito. Ouvi falar que a partir do mês que vem, esses milicos que não são milicos, em tempos dos ladrões executivos e prostitutos que habitam as esquinas de Brasília, vão ter de respeitar quem fala mais grosso do que eles, ora bolas.

E o Expresso 2222, hein seu Gil... digo, o *subway*, que não é sanduíche, mas tem quilômetros com o dissabor de uma confusão napolitana. Eu, carioca *desxcolado*, fiquei horas pra descobrir que a intelligentsia inventou um vagão — atenção, um vagão só — exclusivo para fazer o percurso de uma estação só. Isso, claro, depois de você dar a volta ao mundo.

A gente até encontra consolo em parágrafos da literatura, em viagens cinematográficas, naquele mendigo que dorme na calçada suja enquanto temos uma cama quentinha e antissexo da Tok&Stok. Mas, e aí, isso cura teu vírus, isso retira de tuas entranhas o alien que foi criado ligado a você, a mim, ao carinha que não lê mais de 120 caracteres??

É, amiga, não se preocupa em entender, não. Vai pra faculdade de Direito da FAAP com aquele seu tubinho preto, o código civil na mão e o celular lilás na outra pra ver se arruma um janota rico pra casar contigo, porque tá foda, *slut girl* querida. *Sorry*, mas se estivesse aqui pra querer desmesuradamente, ou escrever cartas de amor, eu mandava flores do campo e o girassol do Lô. Aliás, tem de tudo nesses textinhos do Reino Encantado da Facelândia, mas o fato é que se você tem seus dias de TPM, eu também tenho os meus de homem da fronteira...

Minha doença é ser decente; o meu caos, não viver permanentemente arrastando um demente.

E que hoje, aqui e agora, me desculpem Heiddeger, Baudelaire, Claudel, Camus, Clarice, a Circunspecta, Wittgenstein, Dostoievski, Bukowski e outros owskis... mas eu preferia ser o Mishkin a um idiota qualquer, e cito uma das frases mais sábias que ouvi de uma pequena guerreira sino-dinamarquesa, Ingrid Adachi, essa, sim, uma sábia, hehe, mais do que apropriada: "Respira fundo... se cuida... e que se foda o mundo". Pura sabedoria.

Ah, e que ninguém estranhe se "corrida para ser Papa" virar um esporte olímpico... Vida, louca vida.

Personal picareta

Nada disso. Não sou um *Personal Adviser*. Mas em tempos de gente que posta "quaisquer fodas" em paredes de descolados aqui perto de casa, na sua, ou no mundo mágico de Manoel Carlos, admito que fico na dúvida.

Devo acreditar nos resolvedores de tudo ou esculhambo os mesmos resolvedores de tudo?

Bom, vou brincando de letrinhas e vamos ver o que acontece. Só posso lhes afirmar uma coisa: não faço nada premeditado, vou preenchendo a página que nasce branca conforme a minha ejaculação mental vai me proporcionando prazer.

A situação desse tema é que aborda uma suposta picaretagem, camuflada de panfletos, discursos e com toda uma embalagem dourada, prometendo as delícias de uma Maravilhosa Fábrica de Chocolate que envolve mais Oompa Loompas do que certezas coloridas, doces e puxa-puxa.

Ok, tem o *Personal Trainer*, que se justifica em alguns casos, mas nós sabemos que a maioria de seus clientes paga a academia-carona da moda, contrata um desses profissionais, reclama da vida, continua baranga e acredita que O Cara (é, eles se transformam em Superantipáticos), após vestir a camiseta de *Personal*, torna-se uma espécie de mentor. Relaxa, que no máximo da improbabilidade ele vai te comer na cama do teu marido e fazer peripécias com os objetos que traz. Ou seja, vai te deixar "De Pernas pro Ar 3" e ainda com estrias e celulite. Sinto muito.

A moda desandou de vez, e lendo aqui, vendo ali, ouvindo acolá, observando nas esquinas descobri que é moda ser um *Personal Trash*. Isso mesmo... em Nova Iorque, que só lá isso poderia ser inventado, moderninhos e porcalhões abastados abrem as latas de lixo e comem, com orgulho, os restos mortais que os consumidores de Manhattan jogam fora. Além de deslegitimar a fome de gente que realmente não tem o que comer, não passam de personagens de um mundo decadente de tendências, alegorias e autenticidade.

Mas a coisa não para por aí. Agora que nove entre dez revistas e programas de TV descobriram que é bom desacelerar e procurar um tempo para ficar a sós consigo mesmo, fazendo nada — o que também é fazer, além de subjetivo —, eis que surgiram os *Personal Nothing*. Isso mesmo, pasmem... Profissionais que marcam hora e dia de semana na agenda para te ensinar a não fazer nada, nem vou comentar, pois meu *note* é novo e não quero perder o controle.

Tem ainda o *Personal Friend*, para te acompanhar em festas e sabe lá Deus mais o quê. Esse até que é menos hipócrita, já que a maioria, ainda que não saiba, acaba comprando amigos. O amigo pago, ao menos, sabe que Paris é capital da França, que Hugo Chávez morreu e que o próximo Papa vai continuar empurrando a Igreja para a Idade das Trevas.

Entre tantos outros, me deparei, ao sair de um restaurantezinho natural, com o cartão de um *Personal Coach*. Não, não é aquele treinador de futebol americano que vai te treinar em separado, mas imagino eu que seja um profissional engomadinho que vai repaginar a sua vida totalmente, e lhe mostrar o caminho a seguir na encruzilhada repleta de galinhas vivas, como se fôssemos revistas passíveis de repaginação, um messias que desceu ao mundo única e exclusivamente para eliminar as suas frustrações e mostrar que a luz de *Ghost* pode te iluminar, enquanto você continua se arrastando neste mundo em que, cada vez mais, o consumo desenfreado pede desculpas às misérias humanas e reais.

O DIA EM QUE NÃO ME APORRINHEI

Pasmem! Mas o negócio é que ontem não me aporrinhei... Juro, podem acreditar em mim. O pessoal que me acompanha que nem novela, ou inventa de querer manchar minha colcha de retalhos, sabe que sou gente boa, mas também sabe que os escrotos de plantão vagueiam por aí, ocupando espaço no oásis da nossa paz, 24 horas por dia.

É, esqueceu dos pesadelos?

Bom, o Edu, que é alguma coisa loura e de olhos claros, carioca cosmopolita *merrmo* e louco pra viver numa cidade do interior, teve ontem seu merecido dia de não fúria, uma terça-feira insuspeita, dia 30 de qualquer mês e qualquer ano. Deu tudo certinho, numa existência que desandou que nem aquela receita de Paella Valenciana que sempre desanda, justo quando você chama aquele casal de amigos da firma para fazer bonito junto à tua mulher de conveniência, adquirida na Tok&Stok.

Ontem não sonhei com o ex-amigo que pôs um cifrão na testa e sumiu. Ontem acordei e Guruzinho pôs a coleira em mim para passear. Fomos à rua da casa de Beterraba, passamos pela árvore de feijão mágico e finalmente nos sentamos no coreto que nos protege do mundo. Foi aí que comecei a ficar com os denominados fios de cabelos branco em pé: nenhum humano criou caso nem me obrigou a bater papo furado, perguntando a raça de Guru; o cara é um Guru, último e único da espécie. E ponto, cacete.

Depois de voltar ao meu cortiço de luxo e dar uma mijada de desagravo na porta do novo síndico, o taxista do 101, produto do cruzamento entre uma prostituta e um motorista de ônibus, não liguei a TV para chafurdar nas misérias do mundo. Fiquei ouvindo Bach, Albinoni, Rimsy-Korsakov e Bocelli. Me desliguei dos boçais.

Ontem, no metrô, não ouvi nenhuma serenata de celulares. Vi gente lendo, ainda que os livros das Lojas Americanas, como o *"besta seller" Cinquenta Tons de Cinza*. Ah, e não posso deixar de dizer procês: me devolveram todos os cumprimentos, me deram bom dia, boa tarde, boa noite. E, de quebra, gente que me conhece de outros lugares não me virou a cara na rua, não ficou contando historinha nem contando como sua mesa quadrangular no trabalho lhe dá um falso poder.

Gente, que dia legal... Chuviscou e eu não derreti, o cara do telemarketing não me telefonou, os sabichões das redes sociais, desses que importam posts de sabedoria enlatada Gomes de Sá, não me tiraram do sério, e minha ducha quente desceu quente, vejam só!

A mulher que me amou ontem à noite não acordou me odiando. Ninguém discutiu relação comigo e eu estava calmo, apesar do conselho imbecil de minha mãe judia com seus possessivos de almanaque me mandando tomar um leitinho quente, "que acalma, filho".

Ontem não reclamei da vida. Fiz meu yoga, treinei meu judô, fui ao Yogananda, malhei, li, me masturbei e ninguém, absolutamente ninguém me encheu o saco. Pode até ter sido por eu ter vestido a capa de invisibilidade do Harry Potter, mas ninguém me culpou de nada. Então, à tardinha, desci com meu chinelo de dedo da Rider, comprei aquele sorvete de creme pra clarear as ideias e decidi ser gentil comigo. Nem vou falar mais porque tô com medo de perder o texto, que não salvei por indisciplina. Mas também, pra quem tá trabalhando de graça, já não tô nem aí... Minha paz nunca vai dar capa na *Forbes*...

Pessoa, a senhorinha e minha taquicardia

Tenho um colega que a todo instante, quando discordam de suas versões dos fatos, repete a mesma frase: "Pois é, gosto é que nem nariz, cada um tem o seu". O pior é que o cara tá certo. Temos de respeitar as pessoas e suas escolhas particulares em todos os itens, tais como roupas, livros, música, filmes, comida e por aí vai. A mim, entre outros escritores, coube gostar muito dos textos de Fernando Pessoa e seus heterônimos. Antes da exposição no Rio de Janeiro, em 2011, podia jurar que o poeta português tinha somente outros três heterônimos: Álvaro de Azevedo, Ricardo Reis e Alberto Caieiro. Mas quando cheguei ao Museu Nacional dos Correios, me surpreendi com a quantidade de heterônimos dos quais nunca tinha ouvido falar, bem como com a excelência da exposição.

Com a possibilidade, não de alterar, mas de brincar com os textos — a cada vez que minha mão se aproximava de uma tela de projeção as letras mudavam e aparecia um novo poema à minha frente —, fui caminhando solitário pelo salão. Era uma tarde de sol de domingo, quando o centro do Rio se transforma numa cidade-fantasma, onde quase ninguém transita. Aqui é importante fazer um *pit stop* para explicar a vocês que me identifico demais com o estilo de Pessoa e seus outros eus, mas de uma forma inconveniente, ou seja, me vejo oprimido, triste e até mesmo deprimido a cada vez que decido ler um de seus livros.

Naquele domingo não foi diferente. Enquanto me extasiava com os versos do escritor, comecei a sentir alguns dos efeitos colaterais que a literatura de Fernandos, Ricardos etc. estavam causando em mim. Fiquei um pouco zonzo, suando frio. Tristemente, me identificava com a poesia tão irretocável quanto derrotista e funesta do lusitano.

Até que em certo momento, quando já estava me escorando nas paredes como um bêbado que ingeriu versos em demasia, decidi copiar trechos de poemas nos poucos espaços vazios do livro que carrego pra cima e pra baixo, como se fosse a minha Bíblia, para os momentos de pretenso desespero.

E assim, o *Onde Existe Luz*, do mestre iluminado indiano Paramahansa Yogananda, foi sendo preenchido em suas bordas e quaisquer espaços que eu encontrava. Enquanto relia uma das poesias que mais gosto da turma do Pessoa, não me dei conta da aproximação de uma senhorinha elegante, com um laço de fita colorido no pescoço, óculos e um chapéu panamá, conveniente para aquele dia ensolarado. Em silêncio, respeitando a minha catarse particular, ela se aproximou, e esperou que eu pusesse a minha mão próxima à tela de projeção para puxar assunto.

Era uma professora aposentada, e se mostrava tão simpática quanto resignada com os versos do português. A certa altura, percebendo a abertura que aquela velhinha me deu, perguntei como era possível, digamos, se proteger dos versos de Pessoa, com os quais me identificava por seu reflexo mais sombrio.

Primeiramente, ela me contou que quando estivera com o dramaturgo Dias Gomes, há anos, ele lhe disse que as pessoas tinham que nascer para incomodar... senão não valia a pena. Muito bem sacado esse comentário. O problema é que sou teimoso, e insisti:

— Mas como não se deixar levar pela profunda tristeza de Pessoa?

Ela tirou os óculos, limpou num lenço, recolocou, e finalmente disparou:

— É só ter um pouco de charme, meu filho — e se despediu, indo embora com sua acompanhante e sua sabedoria que só os anos emprestam.

Depois disso, me conformei. A taquicardia diminuiu, permaneci ali mais uns 10 minutos e fui-me embora com a certeza de ter vivido um dia prodigioso de literatura e, sobretudo, de sabedoria.

O outro Antônio Callado

Tarde de mais um domingo insuspeito, daqueles que sugerem o ócio como o melhor dos ofícios para os preguiçosos por predisposição genética. Eu poderia estar vendo a exposição do Modigliani — não, não é um prato italiano, tipo Talharim à Modigliani — ou correndo, já que atividade física e esportes são alguns dos ingredientes mais eficazes para manter a ponta de meu nariz acima da água e me defender das kriptonitas da vida.

Lembrei-me hoje, sei lá por que, mas, com muito carinho, de Antônio Callado, não o autor de *Quarup*, mas o outro, que vim a conhecer na *Revista Geográfica Universal*, da Editora Bloch, meu primeiro emprego, quando ainda estudava na PUC do Rio de Janeiro. Para não ficar repetindo o nome da figura mais emblemática que já conheci no jornalismo, vamos chamá-lo de "o Outro", ok?

Bom, se você concordou, ótimo, caso contrário, foda-se, porque quem está escrevendo sou eu, não é mesmo? Hehe.

Entre algumas figuras marcantes, cheguei à *Geográfica* como uma espécie de Tintim no mundo das aventuras Vol. 1: era o mais jovem, e talvez por cansaço da vida, ou por já ter vivido um bocado de emoções, o restante da redação me recebeu bem, exceção feita às mulheres, que também eram tão escrotas que sequer mereciam mais do que algumas brincadeirinhas e expressões demagógicas de cordialidade, como bom dia, por favor, obrigado e vá à merda, o que numa redação não é tão grave assim.

Havia mais de uma pessoa interessante, mas uma em especial: o Outro, que me causava uma mistura de compaixão, orgulho, gosto de aprender e uma certa proximidade que vinha de sei lá onde (esqueçamos as doutrinas kardecistas, ateístas ou da casa do caralho). No final da década de 1990, na maior parte dos três anos e meio que lá trabalhei, o Outro era um redator de mão cheia, um poço cultural sem fundo e o pilar para que a revista saísse com um mínimo de erros, históricos e ortográficos.

Por outro lado, o Outro era também aquilo que se prenunciava como o último bastião de um jornalismo divertido e sério ao mesmo tempo, com pitadas saborosas de humor que me encantavam, a mim e ao meu romantismo de esperar ansiosamente minhas matérias saírem a cada mês.

(Só um parêntese para reforçar o quanto eu era romântico e estúpido, não necessariamente nesta ordem: quando me efetivaram como redator, após um período de estágio, fui comemorar com a minha namorada num restaurante meio chique na Lagoa Rodrigo de Freitas, ou, melhor dizendo, às margens dela, e em vez de relaxar, saboreamos a sobremesa do existencialismo de quem não admitia estar ganhando tanto dinheiro para pouco trabalho, vejam vocês. O mais interessante é que, mesmo como cobra criada, teoricamente com o dobro e mais um pouco da idade que tinha na época, continuo a experimentar aqui e acolá minha inocência fundamental.)

Bom, não estamos aqui pra falar de mim, ora bolas. Para começar, Callado, o Outro, falava sem parar, principalmente após o almoço, quando chegava bêbado à redação. Alguns idiotas diziam que era o primo dele quem trabalhava à tarde, mas era nesses momentos que sua filosofia rasgava o peito e ele folheava a ouro quaisquer banalidades com tanta empolgação que chegava a espirrar de seus lábios uma chuva de bactérias sobre as minhas (então) camisas de grife e cabelo com um toque de gel.

Tive a honra de dividir um desses porres, sempre de chope com pouco colarinho. Lembro-me que nesse dia ele me disse, com o dedo em riste, num tom quase profético:

"Dudinho, a felicidade é alguma coisa que está em algum lugar dentro de você. Cabe a ti encontrá-la", cuspiu meu colega, filósofo abissal.

Chegava de volta à sala de trabalho escorado por mim. E mesmo com trocentas cervejas era mais lúcido do que todos os funcionários do maluco do Adolfo Bloch e o cordão dos puxa-sacos.

Revezava meia dúzia de camisas e duas surradas calças jeans. De cabelos brancos, vivia cofiando sua barba de capitão de barco de pesca. Era o desapego em forma de gente, com sua sabedoria pura e um humor genuíno num tempo em que trabalhávamos — ai, que saudades — em máquinas de escrever e o som do a, do esse, dê, efe, gê era como Mendelssohn aos meus ouvidos.

Aos 60 e poucos anos, vivia em seu segundo ou quarto casamento, e como o Yuri do BBB 12, que chorava para ser escravizado pela namorada gaúcha, o Outro se emocionava à toa. Pegava em minhas mãos e dizia: "Como eu queria ser seu pai, garoto. Você vai longe".

Longe, exatamente, o mais que fui foi a Moscou, cobrir pelo COB os Primeiros Jogos Mundiais da Juventude, mas Callado, o Outro, me fez acreditar que o que nos enleva é o desapego, e a doação do que se carrega de melhor, a sabedoria — a despeito dos olhares tortos da turba.

Um dia, um garoto espinhudo e com a cara de um dos sobrinhos do Pato Donald, hoje editor-executivo de um dos jornais de maior prestígio no Rio, veio nos perguntar onde ficava a Polinésia. O Outro disse que tínhamos várias, como a Maionésia, que nos faz tão bem no pão. Numa sintonia, que parecia regida por Rachmaninov, nos engatamos para sacaneá-lo, até que ele encolheu o rabinho e voltou para a sua baia.

Callado morreu quando eu já tinha sido demitido da revista por um chefe que me ensinou quase tudo que sei, exceto a covardia, e não pude agradecer o tanto que queria, pois se foi um dia antes do que eu tinha marcado para ir visitá-lo.

Mas fica um outro ensinamento, recebido num daqueles dias em que a gente se acha um merda. Andando pelos corredores e esbarrando, cabisbaixo, nos cachorros de Seu Adolfo Bloch, ouvi, juntamente com um literal temporal bacteriano, suas doces e lúcidas palavras, não importa se antes ou depois do almoço: "Eduardo, você nasceu jornalista. Você é um jornalista de verdade e nunca se esqueça disso". Me emocionei, e algum tempo depois ergui a cabeça.

Hoje, não sei bem quem ou o que sou, ou melhor, estou, mas o Outro Antônio Callado, lá de cima, parece ainda querer me dizer: "Filho, levanta a poeira e vai ser gauche na vida..."

As saudáveis calorias do ludismo

Pensei em começar esse texto remetendo ao último, para que alguns poucos entre muitos possam me compreender. Mas deixa isso para quando eu tiver alguma coisa que você achar que é parecida com ambição e (se) fizer aquele pôr de sol de autógrafos em algum lugar onde o pôr do sol seja tão belo quanto em qualquer outro lugar do mundo — seja na cadeia dos desenhos animados com grafismos diferentes ou num cenário onde nosso coração manda sorrisos sinceros para a boca antes de chegarem ao cérebro durante minha hibernação não radical, impossível na urbe, de cerca de 11h30 de sexta até as 4h09 de segunda. Sem essa de feliz ou infelizmente, de malmequer ou bem-me-quer, de vá você à merda ou eu que me foda. Não nasci imbecil. Sei sê-lo, mas há em mim esse descompasso, eu sei, entre o mundo e a minha capacidade de ludismo, que é minha forma de sobreviver, me alimentando e transformando todas as obviedades possíveis em lúdicas, lúdicas, lúdicas — digo, a verdade é parecida com essa, já que nunca sabemos exatamente o que é mentira e o que é verdade.

É assim que minhas calorias são contadas, como um devorador de lúdicos fragmentos da vida, sejam eles de um ludismo *trash* ou com menos sal e mais proteína, não interessa. Na minha cabeça de dinossauro não extinto, viver não é preciso, ser lúdico é que é.

Fiz a brincadeira de ter certeza disso — pois, cá entre nós, não temos certeza de porcaria nenhuma — quando terminei de ver aquela obra-prima da despretensão me balançar mais do que a porra da dor na lombar. Então, na parca esperança de anta, tenho de dividir para multiplicar...

Clarisse faz com que eu, você e todo mundo, até mesmo as estagiárias de Direito e o sorvete de creme (tive de dar um tempo para clarear as ideias), estejamos fadados a um assalto visceral: "Ou você brinca mais ou me dá a bolsa e leva um tiro". E ela — ou eu, ih, tanto faz, rapaz — responde assim, no ato, que nem a camisinha quando fura justo na hora do falso orgasmo dela: "Perdeu, playboy, perdeu".

No filme e na vida, a moça — uma cinderela da modernidade, é sempre esse o papel dela, cantando ou atuando, e isso é uma constatação nobre —, bom, a menina que faz Medicina e falta a todas as aulas de manhã encontra ajuda num carinha, ex-sapo, que ganha a vida, literalmente, deslizando os outros por um chão de gelo. Os dois juntos partem para a aventura de descobrir o que Clarisse quer fazer no filme, e, principalmente, na vida. E aí tudo fica uma delícia, espécie de pote de pêssegos em calda com chantilly, justo quando você achava que não teria sobremesa (ok, nem todo mundo gosta de pêssegos, mas aí é que reside a mágica da transmutação, ou você acha que o Mandela ficou 18 anos preso pensando só na prisão?).

O filme é tão colorido que arrastei para o quarto minha cadeira laranja, a poltrona amarela e um pedaço da parede vermelha, só pra dar mais vida à imaginação.

Gente, o fardo, ops, o fato é que a vida não vale nem mais nem menos porque você escolheu a profissão do momento, usa a cueca branquinha, a calcinha que excita, malha odiando, medita com a cabeça no mercado. Não há felicidade a ser germinada por aí, seja plantando um livro, escrevendo uma árvore ou dando as palmadas proibidas que não vão matar o seu filhote. O valor agregado desse negócio de vida é pensar que, em cima de nossas noites mais negras, há uma cartolina preta pintada com umas poucas estrelas.

Ora, o que o tio quer dizer é que todos, menos aquele que chega atrasado e se senta do teu lado no jantar a que nem foi convidado, acabam se convencendo, mais dia, menos dia (esse já é meu, cheguei primeiro), de que alguma coisa perto da felicidade está em se permitir fazer o máximo possível de escolhas erradas, para, mesmo garimpando, aos sessenta, oitenta, ou nunca chegar à conclusão de quando foi a última vez que a sua pessoa mais querida perguntou algo que realmente te fez sentir especial; quando, finalmente, você se deixa levar, sem se preocupar com reputações, ao mundo mágico da sua essência — o que exclui as calças Wrangler, é claro.

Vou contar um segredo que já senti na pele e que ainda me acompanha (ou a vocês, porque ninguém é tão diferente, melhor ou pior do que ninguém, como cremos de maneira arrogante): a gente sente falta não é do tempo em que cada um acordava gostoso e comia um ovinho quente na tijelinha certa, não; o ovo quente de cada um, ou a cestinha de tomates com maionese de cada um, é a pura, inocente e legítima vontade de voltar ao conforto de um tempo mais leve, mas o leitinho da mamãe já empedrou há anos... Viver não é preciso, brincar é que é preciso.

Claro que isso aqui não é uma autobiografia, mas já pode ser o ensaio de um primeiro capítulo, ok?

Um dia é o diabo que acaba!

Hoje eu fui obrigado a me curvar e admitir que a natureza das coisas tá mesmo fora do lugar. Não me interessa de quem é a culpa, o fato é que senti que um Tsunami, daqueles do George Lucas, tá vindo com força total, prometendo virar de ponta-cabeça meu mundo de ex-mimado ainda em atividade. Tudo bem, não que eu pudesse me preparar, mas já sabia que mais cedo ou mais tarde alguma força negativa iria arrastar sem piedade tudo o que já era pra ter sido há muito tempo. Não dá nem pra dizer que estou comendo o pão que o diabo amassou. O pão acabou... mas deixa quieto, um dia é o diabo que acaba. Como hoje é dia par, não rezo para um Deus, rezo para uma lorota que serve pra gente arrastar nossas correntes vida afora. E adentro. E é nessa lorota que também acreditam as crianças-zumbi do Sudão, os desgraçados do Haiti, e eu aqui, mais sozinho que elevador vazio, como diz o outro. Hoje eu só quero um pouco de carinho, um ninho, duas aves fortes que me levem de carona pra dar uma volta por aí. Eu sei que nem só de pão vive o homem, aliás, diz aí, de que mesmo vive o homem?

Casca de banana

Acordo depois de um sono de qualidade duvidosa, mas necessário, especialmente quando não se consegue nem meditar.

Nesses casos, até mesmo os mestres iluminados reconhecem que ao acordar estaremos um bocado mais tranquilos — há aí, digo por experiência própria, um tanto de verdade e um tanto de patacoada.

Ainda assim, depois que ponho os meus óculos para poder ouvir melhor, me descubro olhando de maneira natural, num misto de resignação e incredulidade, se bem que ambas as palavras não são bem as que eu queria achar. Mas não percamos mais tempo.

Olhando o quê?

Olhando com olhos esbugalhados a tatuagem que fiz na parte interior do antebraço esquerdo, propositalmente, para que a leitura viesse naturalmente ao meu raio de visão, "passando uma chuva", uma ode à efemeridade e a quinta *tattoo* que fiz, com profunda consciência e jogando aquela outra letra pra pechinchar, ao menos, uma vogal...

Não que seja necessário perceber, mas os parágrafos estão curtos e quero mudar rápido, depois de uma ou duas frases, no máximo, para ter a impressão de que estou sempre a recomeçar.

O fato é que o homem justo e de peito estufado decidiu,

ou foi levado a recuar. Sim. Na linguagem idiota dos psicanalistas se poderia dizer: "O Eduardo teve um surto".

Não. O Eduardo teve uma serie de dezenas de motivos durante toda uma vida, e durante os últimos dias, outros pequenos, porém não menos viscerais, que o tornaram reagente em excesso, escorregando em anos de prática meditativa e busca pela sabedoria.

Até aí, nada demais.

As "cascas de banana" estão aí mesmo para que escorreguemos e nos levantemos. Não tenho a pretensão de ser uma Madre Tereza, apesar de que num documentário a vi morrer blasfemando contra Deus, mas isso não se refere a este texto.

Creio que não estou sozinho na necessidade de comungar com o silêncio e me tornar cada vez mais suscetível, à medida que busco o conhecimento interior. Não tenho nada contra o mundo, nem o meu nem o de ninguém. Mas nada a favor tampouco.

Acreditem: recuei como uma estratégia de quem sabe que está prestes a explodir, ou a implodir. E como um homem que procura ser justo, não mais apenas bom para com os outros, me calei e me recolhi à minha casa, provavelmente um bunker *a la* Anne Frank onde tentarei silenciar e do qual pretendo sair apenas se tiver necessidade extrema.

Não, não estou me impondo um castigo, não estamos na Idade das Trevas. Mas por conviver com atitudes absurdas de homens que parecem, sim, estar prontos para queimar nossas Joanas D'Arc interiores, recuei.

Não morri. Não matei. Não bebi, nem fumei. Não trepei e não chorei.

Mas os olhos estão esbugalhados, me vejo no espelho do banheiro estilo camarim estilizado. Não estou frio como a luz do recinto, mas meio atônito num mar de profunda "calmaria forçada".

Se debater, me afogo. E ainda corro o risco de levar alguém comigo.

Nem ermitão, nem boêmio, pernas abertas e perfume Chanel não me interessam agora. A quase inevitável autocomiseração, também não.

Desliguei o celular e tentarei ficar o máximo de tempo em silêncio.

O mundo ao nosso redor está muito além de quaisquer retóricas, e para mim já passou o tempo de esperar um resgate ou uma festa surpresa na última hora.

Engraçado, carismático e triste, como uma "amiga" figurinha constatou.

Tenho outras tantas virtudes e modos de suprimir essa tristeza quando assim o quero, diante do espelho ou de outros e outras. Caso consiga, sairei desse claustro forçado me fingindo de bobo.

Caso contrário, acho que a inviabilidade é receita certa.

E olha que dentro das perspectivas, sem a mão divina, a semana tem sido produtiva: treinos de judô, práticas de yoga, pulsões criativas, paqueras desinteressantes, o desfrute da inocência furtiva de Guru ("mestrinho"), meditações, malhações, corridas, leituras etc. etc.

Mas os olhos estão esbugalhados. E, provavelmente, ficarão mais ainda.

Resta a certeza de que sou imprevisível, e aí é que residem os fiapos de esperança e de medo.

UM TEXTO SOBRE FUTEBOL QUE NÃO FALA DE FUTEBOL

Este é um texto sobre futebol que quase não vai falar sobre futebol. Ok, pra esgotar quase de vez o assunto futebol na Copa do Mundo, capítulo "O joelhaço no Neymar", vamos lépidos e fagueiros a constatações de quem tem, na melhor das hipóteses, os ligamentos dos dois tornozelos rompidos parcialmente por jogar bola sem ser em alta performance.

Vamos lá:

— Quem está na chuva é pra se molhar.

— O Felipão deveria ter substituído o nosso camisa 10 antes dos 41 minutos do segundo tempo, para poupá-lo do que aconteceu.

— Não se esqueçam de Amarildo, que substituiu Pelé na Copa em que o Brasil foi bicampeão mundial e foi decisivo para o título.

— Sempre torci e joguei futebol, mas é, com certeza, o esporte que mais beneficia os infratores e a deslealdade entre colegas de profissão.

— Se há um complô, com certeza é para o Brasil não ganhar, por tudo o que anda acontecendo nas entrelinhas e pelas atuações, a meu ver, tendenciosamente negativas para o Brasil.

— A política brasileira é tão inepta que, ao contrário do que ocorreu na Argentina em 1978, não se mexe para o Brasil ganhar a Copa. Falo isso sem me preocupar com o que é certo ou errado, pois política e futebol estão mais misturados do que se imagina.

— Marginais como o vampiro Suárez e o colombiano cujo nome me nego a pronunciar deviam ir direto para a cadeia.

A parte esportiva acaba aqui.

Pensei muito para decidir se escreveria um texto que não vai me divertir, não vai mudar nada e nem ninguém, e não vai ecoar a mais de dois milímetros se ficar limitado ao Facebook, que não tem a força que ingênuos bobalhões acham que tem.

O fato é que não quero mudar nada e nem ninguém, apenas me tornar um ser mais humano, um ser espiritual com sabedoria e mais evoluído a cada instante. E por isso mesmo tenho investido em buscas árduas e sofridas, num mergulho interno, com a esperança de um apaziguamento. Não há outro caminho.

O que me causa espécie não é a tragédia anunciada do joelhaço em Neymar. Poderia até ser no Messi, Saci Pererê, num craque do Íbis, Belenenses, Fluminense (vejam só a que ponto cheguei!), Barcelona, Besiktas, Olimpyakos, Lázio, Milionários da Colômbia.

O que não me tirou do sério, e nem de uma tentativa de paz (para um existencialista por vocação, imaginem só falar em paz, mas eu chego lá), é que o futebol apenas é um reflexo do mundo em que hoje habitamos. Uso como estratégia a frase de Jesus, "Estar no mundo sem ser do mundo". Ou como disse o popular Vampeta, participante desse circo: "Eles [os cartolas] fingem que pagam e a gente finge que joga".

O Neymar se machucou a sério, e a capa d'*O Globo* o matou de vez. Claro, vende mais jornais. Mas o fato é que estamos à beira de um apocalipse de valores e princípios, muito além do jardim. No caso, dos gramados.

Busco prazeres sutis e cada vez me chateio mais, ainda que passivamente. Até a página 5, é claro, o que não me dá nenhum orgulho. Está inviável desfrutar de um passeio com nossos "gurus", referir-se a um colega como "amigo", dizer um "eu te amo" que dure ao menos o tempo devido para o termo se ratificar etc. Não quero me alongar hoje.

Ainda assim, Neymar vai continuar jogando e ganhando milhões, enquanto os lixeiros, entre outros profissionais, mal ganham alguma coisa, mas suas greves nos afetam muito mais.

Com raras exceções, o mundo anda vil. Canteiros da rua pertencem aos prédios, vizinhos se metem em sua vida pessoal, há vaidade em todos os tipos de religião. Guerreia-se por paz. Às vezes levo fama de veado (e daí?) porque decidi escolher uma mulher especial para formar uma família. Não faço mais sexo sem antes saber o nome de quem levo para casa, meu último refúgio.

Enfim, antes, durante ou depois da Copa, respectivamente, o mundo esteve, está e estará complicado, como se vivêssemos numa era em que GTAs saem das telas de videogame para empoçar nossas almas em sangue.

Tenho vergonha de meus iguais. De meus diferentes. De Deus ter se negado a ajudar seu filho na cruz, urrando de dor humana.

Não, Jesus não redimiu a humanidade. A humanidade continua desgraçadamente vil.

Ninguém sabe a falta que você me faz, Jairzinho

Sabe aqueles tabletes de chocolate — Wonka, se não me engano, e eu me engano muito — da deliciosa primeira versão do filme "A Maravilhosa Fábrica de Chocolates"? O menino pobre tinha de rasgar aquele alumínio e tirar um dos cinco cartões que lhe daria o direito de vivenciar uma epopeia doidivanas por todo tipo de guloseimas e gulodices.

Pois é. É essa exatamente a sensação que tinha um adolescente, com seu Kichute ou Conga, ao abrir um pacotinho de figurinhas, deixa eu tentar fazer de uma maneira que quase todo mundo consiga sentir uma das mais singelas felicidades " solitárias" que uma criança pode sentir, fan-tás-ti-ca-men-te aguardada.

Pois é. As sílabas separadas e o ritmo lento em que se deve pronunciá-las faz lembrar a doce ansiedade com que eu abria um pacotinho de figurinhas.

Sem saudosismo, que isso é coisa das "Certinhas do Lalau", abrir um pacotinho desses é uma das lembranças mais gostosas e democráticas que temos da infância. Muitos adultos ainda fazem álbuns, acredito, ainda que jurando pra mim mesmo que as figurinhas agora se resumem às fotozinhas de redes sociais que apenas transmitem belezas mudas, mais mudas do que belezas, esta é que é a verdade.

Bem, quando às vésperas da Copa do Mundo vi o novo álbum na banca, não tive como deixar de criar balõezinhos, ao lado de Eu-Calvin e Eu-Haroldo, com passagens deliciosas da infância de pequerruchos e pequerruchas.

A ausência que mais preencheu uma de minhas lacunas juvenis foi a figurinha do Jairzinho. E explico, caso você seja economista da FGV ou esteja tentando pela trigésima oitava vez passar no exame da OAB: quando ganhou o apelido de Furacão, o cara já não estava no auge da forma, como em 1970. Jairzinho e seu espaço em branco preenchiam meus olhos de viço, nem trocando, nem nos truques de bafo da escola.

Já o Kabasu do Zaire e o Boniek da Polônia eram o que chamávamos já naquela época de "figurinhas fáceis".

Lembro-me ainda que no Álbum da Copa de 1974, na Alemanha, tinha umas figuras em forma de bandeiras do país, e era Escócia pra cá, Alemanha Oriental e Iugoslávia pra lá, Gerd Müller, Resembrink, Cruyff, o Carrossel Holandês. E eu com uma cornetinha, projeto de uns estudantes brasileiros com cravos no rosto que lembravam as vuvuzelas de hoje.

Outra recordação bem gostosa de dividir com quem sabe o que é bom é a de que um dia a Lídia — espécie de minha segunda mãe, empregada de 30 anos da Vó Riva que fazia banana frita quando a vovó estava dormindo e tinha todo o direito de nos dar bronca — só me trouxe um pacotinho do referido álbum, acho que eu tinha pedido uns cinco, sei lá. Fui cruel com ela como só uma criança e os chefes de mesa grande sabem ser, além das faladoras de "menas", o que, convenhamos, já é uma crueldade em si.

Bom, mas eis que ao abrir o pacotinho, achei três figurinhas que eu não tinha. Iupiii!

O legal, legal mesmo, é que na infância a democracia das supostas amizades prevalecia. A única diferença, como já contei, é que o mais rico comprava 100 pacotinhos por semana e a média, como eu, apenas uns 10.

NÃO METE A MÃO NO MEU BOLINHO DE CARNE

Talvez este seja o melhor momento do dia para brincar de letrinhas, enquanto boa parte do mundo brasileiro se diverte e diverge com um Flamengo x Corínthians meia-boca e me sinto mais à vontade para não perturbar os torcedores e seus respectivos cortadores de fatias de mortadela acebolada, para acompanhar aquela cerveja da loura gostosa. Enfim, ainda que, até onde eu saiba, não esteja nas últimas, mas nem tampouco nas primeiras, não me resta muito a fazer no momento, isso, depois de algumas coisinhas confidenciais, já feitas.

Não, não fique curioso, nada demais, coisas de um homem primaveril, que a passos lentos vai chegando ao outono de sua vida, mas não ainda do ponto de vista cronológico. Então, vamos lá.

Deparei-me com uma pesquisa lá nos porões de minha memória e acabei não resistindo a abrir a Caixa de Pandora, embora, por motivos óbvios, pelo menos para mim, não me aprofundei. Ainda assim, abrir uma Caixa de Pandora exige um certo traquejo.

Ok, eu também assisti "Rambo", tive revólver de espoleta, roubei soldadinhos das Lojas Brasileiras (e fui pego), brinquei de polícia e ladrão. Mas até hoje não saí matando ninguém numa escola em Massachusetts só porque não sou uma *cheerleader* ou o *quarterback* mais babaca da *high school*.

Realmente não me lembro do que eu fiz no verão passado, mas cavouquei e garimpei alguns momentos da mais pura tranquilidade — veja bem, não me refiro à alegria extasiante e nem à plácida e resignada tristeza, nossa espécie de melancolia sem data provisória de quitação.

Lembrei-me de assistir com Guru ao nascer do sol, de ver o pôr do sol com um mergulho gostoso e sem horário pra voltar pra casa, com aquela luz que emana de nossos corpos criando um feixe luminoso com a pisada amassada sobre a areia molhada.

Ouvi mais do que falei, como o personagem "Zelig" numa produção do Woody (sempre ele) Allen e interpretado por ele mesmo, em viagens de lazer ou algumas a trabalho em que me vi, como em Portillo, no Chile, com uma certa nobreza de princípios, solitário, com meu blazer despojado, olhando pela janela a neve que circundava um dos lagos do garoto promissor, que gostava mais dos Beatles que dos Rolling Stones, me veio à mente papai, todo de branco, e, como todo cardiologista que se preze, fumando horrores, me levando com meus amigos ao Tivoli Park.

O desligar do telefone, "desliga você...", "desliga eu...", do primeiro e talvez — pasmem, rotuladores — único "quase verdadeiro amor".

O Botequim em Botafogo, e a Érica, uma veterinária que ria a valer comigo, fui até Jaboticabal vê-la em seu mestrado de Veterinária, dormimos na garagem de uma república de meninas e voltei desenganado, mas esquece essa parte.

A delícia e o prazer de chutar poças quando estou no temporal enquanto os pobres molhados correm e tentam tapar a cabeça e as mentes com algo tipo uma *Forbes*, ou um guarda--chuva cheio de quadrinhos e tão grandão, que nele cabem eles e sua solidão.

Um homem penteia o cabelo com as mãos, um gelzinho de vez em quando, vá lá, come a maçã depois de esfregá-la na camisa e sempre esquece o guarda-chuva, até porque, quando chove, camelôs surgem aqui e ali para oferecer algum, tal qual numa abiogênese.

Lembro de chegar em casa do GIMK e comer aquelas cestinhas de tomate com maionese dentro. E de uma *maledetta* TV *piccola* em preto e branco para ver "Selva de Pedra" e Jardel Filho, o veadão do Ziembinski um pouco mais tarde.

Eu em Granada, no sul da Espanha, lendo Herman Hesse (poderia ser diferente?); indo paquerar uma tal de Lola, me levantei, e, desastre, todo o copo de chocolate quente caiu na camisa, e um pouco no testículo direito. Conversamos assim mesmo e fui parar numa casa de chá de estilo mouro, onde jurei que iria virar escravo na Turquia. Mas não, deu tudo certo, seja lá o que achemos que é certo.

Poderia e gostaria de ficar horas dividindo com vocês o Benjamin Button e seus botões que estão no armário que há em mim, mas vou finalizando com a última lembrança que ainda me persegue, além da primeira paixonite, em conversas existencialistas sobre tumbas no cemitério durante as férias em Friburgo. Um dia eu explico.

Agora, quando a família, que não era mafiosa, mas quase de porta-retratos, ia ao Piraquê todos os sábados, lembro que na mesa que arrendávamos havia sempre um salgado de carne esperando por mim. Não precisava dois nem três, um me bastava. Hoje, quando como algo parecido, mando à merda os da culinária orgânica e me amparo na lágrima interna que tempera o meu, para sempre meu bolinho de carne...

O SILÊNCIO DOS QUASE INOCENTES

Ednardo já não acreditava em milagres desde que vira o Pavão Misterioso e tentara contar para aquela amiga total e redundantemente desinteressada. Tudo bem, o mundo do sujeito não caiu. Até porque, tirando o cartão de crédito, ele já estava pra lá de acostumado com o total descrédito, já nem se importava em dar razão para todo mundo. Estar certo não era uma prioridade para ele, contanto que o deixassem em paz.

É lógico que, numa cidade onde teoricamente uns deveriam ajudar os outros, mas na prática esses mesmos uns dependem dos outros, as coisas não eram assim tão simples. Ednardo carregava uma reputação, que ia desde a excentricidade ao homem que falava demais com seu cachorro, passando pelo gay que não se casou por ter inúmeras qualidades e morava sozinho aos quase 47 anos! Ah, e a de a não estar mais acorrentado às convenções.

Enfim, Ednardo ia fingindo que era do mundo, num axioma inspirado na Lei de Vampeta, o ex-jogador de futebol: "Eles fingem que me aceitam e eu finjo que participo". Mas ele não era do mundo, e assim ia levando a sua vidinha. Porque no que se refere às reputações e aos acentos corretos nos "e", não estava nem aí.

Tomava Activia diariamente e apertava o botão da descarga mais moderna da Amoedo para que elas, as reputações, fossem embora logo pela manhã, juntamente com as opiniões que nunca tinha pedido.

Até que um dia aconteceu exatamente aquilo em que o indivíduo não acreditava mais... Estava tomando um suco misturado, de cores claras, quando o Parques e Jardins, ou outro órgão arbitrário desses, decepou mais uma das palmeiras de sua rua. Talvez pela podridão (da árvore ou dos homens, ah, sei lá), ou reclamação de algum morador de que a árvore estava causando uma sombra natural em sua varanda.

E eis que, de repente, assim como um raio decepa o dedo de um monumento, o rapaz, que muitos já começavam a chamar de senhor enquanto outros teimavam em rotulá-lo como o eterno "Menino do Rio", e aqui não me refiro à Baby, foi vítima daquilo em que já não acreditava: o tal do Milagre, com M maiúsculo e tudo.

Enquanto tentava não incomodar muito os outros, ficou surdo e mudo. Ednardo passou a não ouvir absolutamente nada, e a não conseguir expressar sua intelectualidade. Acredite quem quiser: o cara renasceu sábio, em pleno sábado de sol. Não ouvia mais gritos, não ouvia a TV, as letras de Naldo, não ouvia "Você, você, você, você". Não ouvia a moça insistente do telemarketing, nem o barulho alheio até as três da manhã. O cara simplesmente não ouvia.

Ah, e tampouco falava. O que, logo de cara, lhe evitou inúmeros aborrecimentos. Não se via mais "incomodado" em ser gentil, uma vez que agora era um defeituoso num mundo de virtuosos. Ninguém podia culpá-lo por muito mais.

Não precisava mais cumprimentar ninguém, responder às pessoas que se intrometem na vida alheia, reclamar do corte de cabelo errado no Werner. Enfim, o cara se tornou um convite à meditação pura, ativa ou "passiva". Era mais ou menos como estar ao pé do Himalaya sem os *sherpas* sociais para lhe encher o saco com perturbações mundanas.

Em alguns anos de alívio, ufa!, o cara se iluminou e, pasmem, passou a se comunicar, a dialogar com as pessoas de modo bem mais claro e genuíno. A natureza facilitou seu trabalho... e o tornou um disciplinado meditador, desses que vivem apenas o momento presente e que, ausentes do que não importa, eram um convite à bem-aventurança.

Tudo seguia tranquilo. Não queria ir a médicos, nem tampouco ouvir os gritos do Galvão narrando os gols do Neymar na Copa. Vendeu a TV, o notebook, as paredes, o fogão automático, o pegador de panela de silicone e cara de pato. No fim das contas, ficaram ele e uma cadeira de design moderno qualidade podre da Tok&Stok.

Até que um dia começou a ouvir uma britadeira aqui, uma Ana Maria Braga ali... e uma amiga desinteressada acolá. *Bom, acabou o Milagre*, pensou. E realmente tinha acabado. Assim como ficara surdo-mudo, voltou ao "normal" sem explicação, feito minissérie da Globo.

Agora o esforço teria de ser feito novamente diante das dificuldades pequeninas, das aporrinhações cotidianas que moram logo ali, para Ednardo e quaisquer outros.

Drinque de sabor refinado

Se "*Blue Jasmine*" fosse um drinque, certamente não teria uma cor azul-claro e nem tampouco frutas tropicais e uma tira de abacaxi com um canudo amarelo no copo, em forma de mulher boazuda. Definitivamente, não. E não é para beber, pelo menos não com a boca. Com os outros sentidos, talvez, mas degustado, como um vinho que envelhece com o tempo, e bem.

Já o filme de Woody Allen de mesmo nome, com grande elenco, encabeçado pelos conhecidos Cate Blanchet e Alec Baldwin, é um balde de água quente. Fervendo. Sim, nunca espere do diretor e ator um balde de água fria, ainda mais para um público que não sabe se aplaude ou silencia, com aquela atitude meio nauseante de quem comeu dobradinha, ou melhor, viu, provou, não se sentiu lá muito bem, mas até gostou... por mais rabugento e mais gourmet que seja.

Já acostumado a metáforas tão contundentes quanto um soco do MMA, me surpreendi com o fato de que, diferentemente de outros filmes do nada queridinho dos críticos de cinema, aqueles que decidem na porrinha os melhores filmes para o Oscar, a história não se resume a personagens interessantes, nem abusa de seus eternos e sempre engraçados clichês, centrados num personagem único, que sofre de hipocondria a crises de pânico e ansiedade que vão e vêm como ioiôs teimosos.

Cheguei com a sala vazia e, sem ter lugar reservado, escolhi uma poltrona laranja de número 4D, como na cabine de um avião. Mas fiquei cismado, como se a cor representasse os assentos para idosos, gestantes e deficientes no metrô. Não gostei nada daquilo.

Naquela sala, porém, o laranja tinha outro significado. O cinema lotou e a sensação de claustrofobia parecia saída das telas de outros filmes de Allen, já que ultimamente não tenho gostado de gente que ultrapassa a distância de 50 cm na minha direção, mas, vá lá, a causa valia o sacrifício.

Sob a singular maestria do diretor nova-iorquino, personagens desfilavam mostrando mais facetas do que cabem em nossas mentes mecanicistas. Definitivamente, Woody não filma para um só ator. E é generoso, desde suas trilhas jazzísticas até a possibilidade de destaque para todos os envolvidos.

Em "*Blue Jasmine*", dois casais, têm suas vidas contadas num ritmo de flashback, sob a perspectiva de Blanchet, espécie de alpinista social sofrida e gente boa, que peca por pensar que a vidinha nossa de cada dia pode, sim, ser uma eterna festa de escadas rolantes que demandam menos esforço para descer e subir, vertiginosa como o glamour de Mônaco em dia de GP. Em contraponto, sua irmã vive uma vidinha aparentemente de merda (é o que diríamos se ocorresse conosco). Autêntica, vai levando sua rotina modorrenta, mas... também repleta de surpresinhas.

Não saí como o bonequinho aplaudindo, mas sim com o zíper aberto, por mera distração, e com o estômago doendo gostoso das porradinhas de leve que a vida real nos oferece, decibéis acima de sonhos sonhados numa noite de qualquer estação.

Aos treze

Aos 13, eu aprontava à beça, mas achava minha família perfeita, muito além dos porta-retratos.

Aos 13, eu curtia todas com um ex-amigo que hoje mora noutro planeta, aquele de "como ganhar dinheiro em dez lições", enquanto eu vivo pra tentar simplificar, e éramos uma dupla e tanto.

Aos 13, tirava um cochilo dos justos à tarde, mesmo quando ficava puto porque mamãe tinha improvisado um arroz com banana, ervilha e milho nos dias de faxina.

Aos 13, acordava com cinco envelopes do Futebol Cards embaixo do meu travesseiro, deixados por papai, antes de ir atender pacientes lá onde o vento faz a curva.

Aos 13, fugi da escola, pulei o Muro do Chapeuzinho driblando um porteiro negro, impecavelmente simpático.

Aos 13, eu jurava que tudo ia ser fácil aos 30, aos 40. Mas bem antes disso, papai partiu para Alzheimerland. Nunca tomamos aquele chope gelado; e, depois de "virar homem" no meu *bar-mitzvá*, meu único privilégio foi carregar a alça do seu caixão no Funeral Blues tupiniquim.

Aos 13, achava que, por ter olhos verdes, veria o mundo todo colorido.

Aos 13, usava tênis Bamba, jogava futebol com os ami-

gos do prédio e íamos correndo beber Fanta Limão, recém-
-lançada.

Aos 13 eu era franzino, mas entrei no meu primeiro filme proibido para menores de 14 anos, "*Grease*", que me desvir-
ginou nesse divã democrático de tal maneira que até hoje canto
gemendo, "Oh, Sandy".

Aos 13, estava prestes a ver a seleção de 1982 perder para
o *maledetto* do Paolo Rossi. Depois disso, nunca mais tomei
sorvete napolitano.

Aos 13, eu nunca imaginava que um dia iria olhar pra
trás e nunca mais encontrar a Terra do Nunca.

Aos 13, eu tinha ilusões; e mesmo quando chorava por
alguma bobagem, sabia que o melhor ainda estava por vir.

Aos 13, eu jogava bola que nem o Neymar, só que com
um cabelo decente.

Aos 13, quando tinha insônia, e meu pai roncava e minha irmã brincava de Susi, e eu me escondia debaixo de uma
cama impecavelmente arrumada, com os olhos tristes do Guru,
minha mãe vinha, com aquele cheirinho natural que só as mães
têm, e dizia: "Dudinho, é só fechar os olhos que o sono vem". E
vinha mesmo.

Na verdade, às vezes acho que estou dormindo até hoje.
Tenho medo de abrir os olhos e perceber que a eloquência do
meu silêncio já não poderá ser ouvida. Nunca mais.

¡*ONLINE, SIM, PERO LA REALIDAD, JAMÁS!*

Como um início de discurso defensivo, quero apenas deixar claro que, e que já há algum tempo não tenho a mínima paciência para mudar sequer um neurônio na atitude dos indivíduos, nem muito menos a pretensão de que, após o ponto final, os habituados a meia dúzia de caracteres consigam chegar até o final desta "maratona" de uma página e meia para ter uma catarse e se transformarem em super-heróis. Se encontrar homens comuns, de carne, osso e capacidade real de indignação já me dou por satisfeito.

Não irei me referir neste texto a todas as pessoas, apenas ao mundo online e suas quase infinitas possibilidades. Eu me rendo, é muito legal e fundamental em certos aspectos, servindo, entre outras inúmeras coisas, para entreter, divertir, conhecer pessoas (poucas, é verdade), se informar, etc. etc., onde vale a pena brincar de espantar a solidão, além de um avanço fantástico no quesito "coisas importantes": hoje pode-se salvar vidas em cirurgias via computador, com médicos do outro lado do mundo ajudando um paciente terminal na sala de um hospital moderno que ainda funciona.

Não vou me estender muito, podem ficar tranquilos, e por dois motivos, se tanto: o primeiro é que tudo isso aí já me parece meio clichê, pois todos dominam esse mundo herdado de Steve Jobs e outros caras geniais, então, chega de ser repetitivo, não quero ser assunto do teu almoço, tá ligado? O segundo motivo é que ando apolítico já faz um tempo, ou desde que me entendo por gente. Em cima do folclórico muro mineiro nunca fiquei, mas d das lamentações pulei há poucos dias.

O que quero dizer é que, mesmo não participando de DCEs na faculdade, cujos participantes nunca se formam em prol de movimentos peterpanísticos (eu contra Peter Pan, imaginem), batendo panelas e pintando a cara para pegação sob pretextos inocentes como derrubar governos, Bastilhas e presidentes enquanto *cê* passa a mão na bunda da gostosinha do lado, eu tomo atitudes.

Ao invés de, como os políticos e empresários demagogos que pregam uma política de qualidade de vida através de um assistencialismo imediato e redundante, doo roupas boas, saio do mercado e dou pães e leite a uma mulher e seu filho famintos, sempre evitando as armadilhas de orgulho e da humilhação alheia. O que faço ou deixo de fazer não vem ao caso, não pretendo ganhar o Nobel de porcaria nenhuma. Mas quem tem fome e dor, tem mais do que pressa, tem imediatismo.

O que Steve Jobs e seus asseclas — digo, assistentes — não previram foi que, no universo online, o populismo dos poderosos se refestela diante de compartilhamentos e curtições, das inúteis reclamações contra isso ou aquilo e contra figuras públicas etc. É como tirar doce de criança: poucos percebem, mas isso aqui é uma brincadeira, nem gente pequena nem gente grande vai conseguir mudar absolutamente nada, ou alguém aí já viu alguma lista de abaixo-assinados derrubar ladrões profissionais de terno e gravata, eleitos também online? O que, de acordo com pesquisas, facilita a manipulação de resultados.

O contrário até que acontece: via redes sociais, espalham-se boatos, trotes grotescos, fotos de mau gosto com gente estripada, profissionais da malandragem extorquem dinheiro, assassinam pessoas em encontros às escuras etc.

Enfim, Jobs foi genial, eu mesmo agora estou escrevendo online. Porém, sem planejar, tornou-se o facilitador de uma corrente que chamo de "solitários unidos", o que, claro, dificulta quaisquer ações em diversos níveis. Pô, andar é muito mais trabalhoso do que nunca sair do sofá reclinável com aquele mouse maneirão comprado no shopping.

Ok, não vou escrever mais. O dia tá cinzento, e venho de um longo processo de "acagalhação" para todos os espíritos de porco que querem nos enlouquecer, a varejo ou não. E posso não estar certo, se o mundo caminha ao contrário. Então, vou ficar quietinho aqui como um bom chapeleiro louco, que ando aprendendo a ser e me liberar pra sobremesa, com a certeza de que se não me picasse na veia com tanta lucidez, tudo e todos seriam mais fáceis de engolir do que óleo de rícino.

De qualquer modo, deixa eu contar uma boa: anteontem virei a noite jogando xadrez contra um computador do tipo *Deep Blue*. Perdi a primeira partida em meia hora e 22 minutos. Decidi insistir. Em 3h34, depois de 137 lances... *I won*. Ganhei da máquina, ao lado do anjo Guru, ou seja, foi maravilhosamente compensadora a sensação de ver a máquina se fodendo diante do homem.

Boa tarde.

O MARKETING DO VAZIO

Há pouco mais de 20 anos, sei lá, me deparei com uma pequena, e nem por isso menos "instigante" crise de intelectual. Recém-formado em Jornalismo na PUC, ainda que nunca tenha de fato praticado, fui com um casal de amigos assistir à peça "Electra Concreta", de Gerald Thomas, no Museu de Arte Moderna do Rio de Janeiro (MAM). Após mais de três horas sentado numa arquibancada que transformou minha bunda num *waffle* malcomido, percebi que tinham me pregado uma peça.

Não gosto de julgar nada e nem ninguém, ainda que tenha consciência de que internamente o faça, e o fazemos. Mas, tão logo percebo, me dou uma policiada e tudo bem... vida que segue.

O problema é que saí do espetáculo me sentindo um esquizofrênico, com a sensação de não ter entendido bulhufas da estética de crina arrogante do respectivo diretor e escroto personagem — prefiro acreditar nessa criatura como um personagem, assim consigo engolir um pouco melhor esse chá viscoso de boldo em forma de uma bunda branca pensante.

Uma coisa é você se deparar com quaisquer tipos de arte, subjetivas em si mesmas, e achar que um filme, uma música, uma peça, uma pintura, uma fotografia, uma fodinha bem dada etc. são bons ou ruins. Por causa da minha personalidade, nunca alguém irá ouvir de mim "isso é uma merda", especialmente antes de ter me deparado com a tal merda. O que vão ouvir de mim, no máximo, com mais ou menos embasamento, é que gostei ou não. Jamais pretendo, porém, deslegitimar uma genuína pulsão criativa.

Agora, chega mais... mais perto... tá bom, senão você quebra a tela. É rapidinho, e só pra gente deixar claro uma coisa: daqui em diante irei me referir ao gosmento diretor, como "Geraldo", isso mesmo, "Geraldo" e está acabado, cacete!

Assim, desmistificamos e jogamos por terra boa parte da arrogância de alguém quem cria para si próprio, numa sala provavelmente repleta de espelhos, como o banheiro de jogadores de futebol onde já mijei e vi umas 15 picas, todas minhas. Confesso que me deu um medo danado.

Fato é que o Geraldo tem um discurso falacioso, gratuitamente humilhante a alheios e que me deixa numa espécie de constrangimento. Geraldo, creio eu, se acha uma espécie de semideus do Olimpo a cada vez que cria suas massinhas de modelar num processo de autismo pejorativo em sua caverna de Platão, ou de dragão, sabe Deus.

Depois de sair do MAM e ter levado um choque cultural suficiente para ter deixado meus cabelos em pé, como o da protagonista-mirim, a mais jovem indicada ao Oscar, por sua interpretação no filme "Indomável Sonhadora", fiquei puto enquanto comia aquele sanduíche do Geneal, proibido para menores de 30 ou 40 anos. Meu cérebro se sentiu currado, e com a impotência de um cachorro que se perdeu na Pensilvânia, ou seja, não podia opinar, pois não tinha compreendido patavina do que vi.

Isso realmente não se faz com quem está entrando na vida adulta, preparado para encontrar chefes incompetentes e profissionais arrogantes pela frente. E eu realmente não estava preparado para conhecer o dono de uma retórica vazia e auto-centrada, um personagem tão patético quanto cerveja sem álcool, Fanis que posam em 40 capas de revistas de sacanagem, participam de BBBs sazonais e de programas de comentários sobre o BBB. Acreditem, eles existem. No Multishow.

De qualquer modo, não posso deixar de ser agradecido

ao Geraldo, que me mostrou, prematuramente, o vazio do nada, me preparando para o mundo egoico e escatológico que encontraria pela frente...

Mas, Geraldo, aqui entre nós, não se faz isso com um rapaz em final de adolescência. Foi ali, exatamente ali, quando levantei minha bunda achatada no final da peça, enquanto um monte de imbecis que tampouco haviam entendido a patacoada batia palmas, que aprendi a palavra "escroto".

Dali pra frente ainda topei com muita bizarrice... mas pouca coisa comparável à estética da autofagia de Geraldo... Tenho a impressão de que, se lhe fosse possível, Geraldo faria sexo com si próprio; desculpem o mau jeito, mas se tem um cara que merece tomar na bunda, esse cara é o Geraldo.

Pandora

Eu andava meio avesso a atividades sociais noturnas, preferia ir ficando em casa, sem nada muito importante a fazer — um período sabático que já durava uns bons meses. Até que um dia, quando estava tentando assistir a um campeonato de beisebol, mesmo sem entender patavina do assunto, o interfone tocou e do outro lado da linha... não, não era engano para a D. Deolinda, do 203. Era o Arnaldo, me chamando para descer naquele instante, pois gostaria de me apresentar uma menina "especial" — como ele a descreveu.

Pus minha melhor cueca — num ato falho, pois ela não veria mesmo —, uma bermuda, camiseta e desci, depois de abrir as grades do elevador em eterna reforma.

A menina era uns 10 anos mais jovem do que eu, e se apresentou:

— Pode me chamar de Pan — disse Pandora, uma estonteante pós-ninfeta, morena, de cabelos anelados, pele cor de creme e olhos de um azul das águas mais translúcidas que este planeta e quaisquer homens já testemunharam. Ah, e tinha furinho em cima do queixo, um defeitinho charmoso que a transformava em um bálsamo de oxitocina para meus pregressos dias de tédio.

Topei de cara ir no dia seguinte a um barzinho, pé limpo.

Conversa vai, conversa vem, conversa volta, Pan disse que era grega, filha de pais euro-caucasianos, e que estava meio cheia daqueles cartões postais em que só apareciam arenito e mar, sempre um granito em construção — sua ilha natal, repleta de consoantes impronunciáveis.

Pan(dora) e eu trocamos telefones, e com meu papo de Capítulo 2 do Manual de Conquista (brincadeirinha) fomos impavidamente seduzidos um pelo outro.

Querendo agradar a menina, mas sem dinheiro, fui ao turco Rachid da esquina ver as novidades. Entre duas máscaras do Carnaval de Veneza e um cachorro cafona de porcelana, lá estava: uma caixinha de bailarina, daquelas singelas, com veludo vinho e uma mocinha sestrosa dançando ao som do "Quebra-nozes".

Paguei, deixei o troco na caixinha do Rachid e recebi um aviso pra lá de arriscado:

— Moço, nunca abra essa caixa, somente ouça a música, senão todos os males do mundo sairão por este vaso, ops, digo, caixa, caixinha.

Já desamarrando meu cão Guru do poste, não prestei muita atenção e fui embora feliz, assoviando, como o flautista levando os ratos e os políticos para fora da cidade.

Seis meses se passaram. Pan(dora) e eu éramos agora unha e carne, não nos desgrudávamos. Fazíamos planos, repetíamos as três amaldiçoadas palavrinhas de um início de relacionamento promissor:

— Eu te amo.

Porém, eu nunca a tinha alertado sobre a caixinha, conforme recomendara o Sr. Rachid. De qualquer forma, um firme cadeado a impedia de abrir a tal caixinha, que Pan sempre punha pra tocar quando queria ouvir um mundo dançar.

Até que um dia, curiosa como toda menina, Pan arrancou o cadeado para ver como a pequena bailarina rodopiava seus sonhos. E foi aí que a profecia do turco se fez realidade. Minha Pan(dora), filha do homem mais poderoso de sua ilha, mulher mais cobiçada deste planeta, minha menina, liberou todos os males do mundo... menos a esperança. Talvez porque a esperança ainda fosse um fiapo de felicidade vindoura.

Mas como não tenho nada a ver com os mitos gregos, apenas seguimos em frente em nossas carruagens de abóbora selvagem, com nossa caixinha trancada com um cadeado Papaiz cuja chave foi perdida.

Francisco

Vivemos tempos confusos, em que a dignidade anda ausente, desde o bom dia ao seu vizinho até os escândalos de corrupção em empresas poderosas. Aí foi que me lembrei que tenho um vício, apenas um, espécie de TOC, como aquelas meninas que não param de balançar as pernas a todo instante ou as pessoas que tocam 549 vezes na borda da parede antes de sair de casa.

Mas meu pequeno vício, de que me dei conta há poucos dias, não incomoda ninguém, nem a mim mesmo. É que tenho a mania de, quando passo por situações incômodas, ainda que corriqueiras, esfregar a mão e as unhas na medalhinha que carrego no pescoço, uma medalha de São Francisco de Assis, meu super-herói Francisco, capaz de bendizer todos os mal-entendidos e de deixar São Expedito e aquele outro dos três pulinhos no chinelo.

É bem verdade que a rota que estou trilhando rumo ao autoconhecimento facilita minha predileção por São Francisco. Mas também é verdade, que, coincidência ou não, o nome "Francisco" não está isolado num mar de nomes de pessoas dignas neste mundo. Para não me estender, vamos do Papa pop argentino, Francisco, que vem ameaçando a instituição da igreja católica com pequenas revoluções por minuto, a Francisco, (Chico) Xavier, o médium mais sério que o Brasil — e quiçá o mundo — já viu.

Francisco, aliás, é um nome ao mesmo tempo tão simples e tão pomposo que já nasce com o apelido de "Chico"; é nome de rio respeitado, o velho Chico, e de uma das cidades mais cosmopolitas do mundo, São Francisco, na Califórnia, Estados Unidos.

O fato, porém, é que estou bem mais para Francisco de Assis do que pra Madonna ou Mick Jagger. A história do homem que gostava de uma esbórnia, cá entre nós, e virou um dos pilares do desapego, simplicidade e humildade no mundo, me fascina, e deveria fascinar a todos em tempos de Josephs, José Marias, Luíses, Roseanas etc., para não me estender numa lista infinita.

Para quem não sabe, Francisco nasceu em Assis, na Itália, era namorador e saía com frequência para encher a cara com um grupo de amigos; até que num belo dia, depois de ser preso por defender a cidade de invasões, começou a questionar o sentido da vida. Entrou em conflito com seu pai, um rico comerciante da época, e caiu no mundo sem sequer uma roupa para cobrir-lhe a dignidade.

Tenho orgulho de ter um ícone com uma história tão bela, e que acabou por se chamar também Irmão Sol, apesar de não ir à praia.

Franciscos anônimos e famosos deveriam honrar este nome simples e milagroso, que traz de volta valores tão corrompidos e esquecidos por nós.

Tô com Francisco e não abro.

Alguém

Era um sujeito normal, daqueles que usam desodorante "*Invisible*", para passar batido na multidão. Morava num flat confortável em Manhattan, mas poderia ser em qualquer outra parte do mundo. Era tão discreto que lembrava o Edward Norton no primeiro terço de seus filmes. Um sujeito insuspeito, como eu ou você.

Antes de ir para o trabalho numa firma de marketing esportivo, sentou-se numa cafeteria, pediu um croissant com queijo, uma Coca Diet e começou a comer, com jeito de quem não estava com a menor pressa de terminar. Da mochila de couro desbotada, Alguém — vamos chamá-lo assim, até porque nem eu que sou seu autor sei o nome desse personagem, veja só você —, bom, Alguém tirou da mochila um livro em inglês do badalado cronista israelense Etgar Keret. Tirou o marcador, deu outra dentada no croissant, limpou as migalhas que caíram na folha 82 e recomeçou a ler.

Alguém tinha cerca de 1,89 m, nariz adunco, olhos verdes e um olhar despeitadamente atento ao comportamento humano. Preferia isso a gastar seu tempo com *gadgets* do ano.

Alguém gostava de correr, de nadar, de ler, de pedir comida chinesa em caixinha; e tinha um certo TOC de nunca ir para a cama sem antes lavar a louça da pia, nunca acumulada, evidentemente.

Tinha seus vinte e poucos anos, e, como todo jovem, se achava o rei da cocada preta — uma espécie de protagonista de

Woody Allen repleto de humor judaico nova-iorquino e bastante *savoir faire*. O suficiente para conquistar, assim que chegou à cidade, a vendedora da loja de joias da esquina, que exalava sensualidade. Mas o *affaire* não vingou. Ela não gostava de que ele usasse blazer despojado, coisa de que ele não abria mão. Até que, depois de uma noitada em que ambos estavam meio altos de rum, uma discussão por causa do blazer deu fim à relação.

Alguém nunca tinha namorado a *cheerleader* do seu colégio, não era o *quarterback* do time de futebol da Universidade e gostava de ficar embaixo de uma figueira, lendo livros e colorindo os recém e infantilizados livros para adultos pintarem.

Alguém, a esta altura do texto, já havia me conquistado. Era discreto, gente boa, usava pouco gel e chegava sempre antes de seu perfume.

O sujeito tinha manias, defeitos e chulé como todos nós, mas tinha um bom coração. Tanto, que era médico, estava no primeiro ano de residência na Pediatria. E, como em alguma cena que você com certeza já viu, salvara um infartado fazendo traqueostomia com um canudinho de refrigerante.

Alguém tinha pais divorciados, amigos casados que depois do casamento nunca mais deram bola pra ele e poucas segundas chances na vida. Mas com tudo ele lidava bem, até com toda a sordidez do mundo, e com o apoio de sua terapeuta de mais de quatro anos.

A essa altura, e depois do terceiro croissant, Alguém se lembrou de que tinha uma entrevista com um "gigante" do basquete, pediu a conta e pagou com cartão de crédito. Mas, quando sua caneta caiu no chão, se viu indefeso, sabe-se lá por que, e acabou cercado por jovens aflitos que o furaram com três estiletes, com a tranquilidade de quem chupa uma bala.

Fiz de tudo para encontrar um paramédico, mas naquela hora só havia no local alguns advogados, comerciantes e desempregados.

Sou autor, mas não sou mágico. Alguém morreu estatelado ali mesmo no chão, enquanto tocavam as sirenes de uma buzina. A vida tem finais que, por si só, são inexplicáveis. Mas como é que vou explicar isso para o meu leitor?

No ano em que me formei

No ano em que me formei, caiu o Muro de Berlim. Três meses antes tinha caído caiu meu pai, indo para Alzheimerland. Nunca cheguei a tomar cerveja com meu pai. Mas gostava de sonhar que o Muro era apenas uma divisória, quando você chutava a bola pra longe podia dizer assim, "ô moço, joga por favor a bola de volta", e segundos depois a bola vinha.

No ano em que me formei, fiz a minha primeira aventura como repórter/ redator da Revista Geográfica Universal, fui para o Pico da Bandeira, terceiro mais alto do Brasil e acampei com nosso grupo de guias de meia tigela lá de Minas, num declive, no meio de um temporal, comendo os restos da comida desidratada de Amir Klink, depois de um de nós lavar a panela com as meias. Foi nosso tempero. Mas deu para ver o pôr de sol mais bonito da minha vida, sentado numa pedra fria que nem gelo.

No ano em que me formei, um jovem como eu parava tanques num protesto contra a Lei Marcial na Praça da Paz (?!), China — uma foto que ficou para a posteridade. Apesar de ter entrado para a história, ele não pôde ver o pôr do sol.

No ano em que me formei, faltava às aulas eletivas para namorar no pilotis da PUC, Rio de Janeiro. Quatro anos depois tomei um pé na bunda da mulher que achava que hoje seria a minha musa e mãe dos meus filhos. Mais surreal ainda foi a morte do bigodudo Salvador Dali, que sabia pôr em suas telas até a tal da felicidade, caso a gente pudesse olhar com bastante atenção e cuidado.

No ano em que me formei, não tinha celular nem computador, e eu adorava o som da minha Remington, e sujar os dedos de papel carbono, vai entender. Eu era mais feliz. E, acreditem, tem mais gente assim, dizendo que era mais feliz também. Até no Natal, quando em vez de contar dedinhos no smartphone as pessoas conversavam. Aquele Natal só foi fatídico para o ditador da Romênia, Nicolau Ceausescu, fuzilado no dia 25 de dezembro e liberando a Terra do Conde Drácula para um Ano Novo sem ditadura.

No ano em que me formei, eu fazia sucesso nas festinhas, era o centro das atenções nas rodas de papo com minhas aventuras jornalísticas, histórias sempre com uma pitada a mais. Tinha os cabelos da propaganda da L'Óreal e era só a menina mais bonita entrar pela porta e ela olhava pra mim. Mas na hora de ir embora eu era o bobo da corte, pois meus colegas e suas namoradas pegavam o carro do ano, as paqueras, a carona do ano, e eu o coletivo de segunda mão.

Foi também o ano em que a novela "Que Rei Sou Eu?" invadiu o inconsciente coletivo do público brasileiro, ônibus desgovernado. Stênio Garcia fazia um autêntico bobo da corte, que é como todos nos sentimos hoje na sociedade, e Antônio Abujamra, morto há algumas semanas, vivia um dos papéis mais marcantes de sua carreira, o bruxo Ravengar, do reino de Avilan.

No ano em que me formei tive a primeira confissão de um colega gay que se apaixonara por mim, o que não pôs um fim à nossa amizade, e apenas amizade, mas nos afastou, confesso, de alguns programas, o que é fácil de entender.

Nesse mesmo ano, Faustão foi para a Globo; e a "atriz" que ficou conhecida como "fogueteira" acabou posando para a Playboy só porque mirou um iluminador no goleiro chileno Rojas, que na verdade se autocortou com uma gilete que carregava embaixo das luvas. O Brasil se classificou para a Copa e deu com os burros n'água na Itália.

No ano em que me formei, não participei de passeatas, nem de panelaços, nem do DCE, junto aos alunos que nunca se formavam e só entravam na faculdade para fazer política. Foi o ano em que Collor se elegeu depois de 29 anos sem uma votação democrática, concorrendo contra Lula... Lula!

E agora chega, senão entro em depressão... ilações só na próxima crônica. Quem sabe.

Finalmente me formei, e o mundo não se tornou mais graduado por causa disso.

A BESTEIRA FUNDAMENTAL

Eu tenho uma teoria de que todo mundo nesta vida deveria ter direito a fazer uma grande bobagem em sua jornada por aqui, a "merda fundamental", digamos assim. E poderia haver uma lei intergaláctica qualquer que absolvesse essa distinta pessoa de quaisquer punições.

Desse modo, ninguém sairia da vida com frustrações para futuras encarnações, para arder no inferno de Dante ou o do cramulhão, mesmo.

Outro dia, vi um filme *trash* com um argumento bem verossímil, dentro do roteiro. Explico. Nos Estados Unidos (mas poderia ser na Indonésia), por exemplo, vigoraria uma lei nacional segundo a qual, uma vez por ano — melhor, durante 24 horas inteirinhas —, qualquer pessoa tinha o direito legal e inalienável de matar quem quer que fosse, mesmo que a vítima da vizinhança fosse um janota bem-sucedido, com a casa repleta de sistemas de segurança, até então considerados infalíveis.

Confesso que achei genial, deixando de lado quaisquer conceitos de moral e ética segundo os quais fomos adestrados.

Já pensou poder fazer o que a gente bem entender durante um dia inteiro e passar incólume por isso? E mais: a indulgência, pessoal, social, penal, de caráter privado ou alheio não incomodaria, não o privaria de uma noite de sono sequer, sem Rivotril nem Frontal, entre outros, é claro.

Essa "boa ação" de uma sociedade imaginária futurista, que poderia muito bem ter sido escrita por George Orwell, Aldous Huxley ou Ray Bradbury, poderá, quem sabe, vigorar num futuro próximo. Até porque, barbáries bem maiores, com justificativas convencionais, já vêm sendo cometidas em nome da moral e dos bons costumes.

Assim, o que proponho é que quando acordássemos com "os dois pés esquerdos" e se assim nos desse na telha, pudéssemos ter o nosso inalienável e inafiançável Dia de Fúria, validado por essa tal lei intergaláctica por juízes de um Olimpo imaginário.

Olha só como seria legal: eu, ainda que sendo um moço de ilibado caráter, iria errar e pisar feio na bola uma vez, passando incólume por isso. As terapeutas se livrariam de seus pacientes, perderiam alguns de seus cheques ficando sem poder pagar aquela casa nova em Angra dos Reis. Poderíamos ler a Zélia Duncan no jornal e depois cantar "Catedral" no Municipal. Desafiar a soberania de países turrões esfregando pó na cara de presidentes que não demonstram clemência. Mandar o chefe mais incompetente que nós pentear macacos, e dar um chute com sapato afiado na bunda dele. As *tchutchuquinhas* frequentadoras de espelhos nas academias engordariam mais a cada vez que dividissem uma bolsa Tommy Hilfiger em leves prestações no seu camelô de estimação.

Vejam que maravilha o que proponho: o direito a cometer uma "merda fundamental", garantido para cada habitante da terra.

Guardadas as devidas proporções, vi também outro dia, não lembro bem onde, um programa, tipo parque mórbido de diversões em Massachusetts (tudo é sempre é lá). As pessoas pagavam um valor, subiam as escadas de um prédio em construção e eram assustadas das maneiras mais estapafúrdias e esquisitas por jovens caracterizados como personagens de filmes de terror ou do imaginário de horror. Acontece de verdade nos dias de hoje, e é uma ideia sensacional, libertadora para supostas vítimas e seus assassinos de mentirinha, mas com ímpeto real.

Poderíamos mais: mandar o Gerald T. enfiar no rabo sua intelectualidade pedante, encher a prancha de surf de jujubas de ecstasy e entrar no Laos, ou na Indonésia, e distribuir o material para toda a polícia; fazer o Barrichello não se atrasar, a miss tropeçar, a Dilma ser flagrada "no ato" e lendo *Caras* no banheiro do Planalto, filosofar no BBB, ser uma criança judia ortodoxa jogando videogame com um amiguinho fundamentalista islâmico.

Enfim, faríamos valer a lei intergaláctica, ainda que uma só vez durante toda uma vida nos tornaríamos contraventores, assassinos, piadistas de mau gosto etc. Tudo seria perdoado. Teríamos direito a passeatas em favor da "merda universal".

Sou a favor. E você?

Magreza proibida

A negatividade do mundo anda tão grande, que até na moda as barrigas têm de ser negativas. Ciente dos perigos de tanta magreza, a França criou uma lei em que proíbe modelos daquele país de desfilarem magras demais. Ou seja, Paris não terá mais cabides ambulantes, o que deve estar causando grandes doses de irritação nos estilistas.

Sinto muito por eles. A França, mesmo na contramão da história num tal de neomodernismo, ataca dois, para não falar em mais problemas de cunho obsessivo. Com a nova lei, Paris, um dos lugares sagrados do mundo *fashion*, passa a condenar a anorexia psiquiátrica e a promover a saúde, ao invés de Barbies mal-ajambradas.

O fenômeno da anorexia não é exclusividade das mulheres mais fotografadas do mundo; ocorre também, por exemplo, nas academias de ginástica, que a cada nova estação promovem uma moda diferente para tornar homens mais musculosos e mulheres mais magras, com o corpo semelhante ao de uma criança de sete anos de idade.

E os clientes — mulheres — desse enorme clube fechado, onde quem é magrelinha não entra, não têm se importado muito com a saúde. Tanto é verdade que, volta e meia, uma modelo morre, seja em Paris, em Milão ou em Pindamonhangaba, por comerem folhas de alface durante meses seguidos e pesarem cerca de 44 quilos — o suficiente para serem internadas em clínicas de reabilitação mental e de engorda.

Se a vaidade fala mais alto, eu, como homem, vos digo: gostamos de carne, daquela gordurinha a mais, e de bunda, coxas grossas, uma anatomia digna das mulheres do meio do século passado em diante, como Marilyn, Anita Eckberg, Elizabeth Taylor, Audrey Hepburn e outras beldades, rechonchudas ou magras normalmente e sem essa neurose de academia e jejum, não necessariamente nesta ordem.

Regulamentações aparentemente segmentadas como esta tendem a se espalhar pelas cidades, onde gordinhas parecem se esconder em ratoeiras e têm verdadeira repulsa pelos próprios corpos. Muitas delas, porém, são mais saudáveis do que as magrelas da hora, que se revezam em passarelas e fora delas.

Digo mais. Estamos todos tão acostumados a engolir sem perceber o que é definido como moda que esquecemos de bajular pessoas de verdade, mulheres com marcas de expressão, que não fazem dietas "milagrosas", não frequentam academia de ginástica por mais de duas horas diárias, não jejuam sem serem religiosas e tampouco fumam para emagrecer; ou aquelas com quem topamos nos supermercados com pizzas congeladas no carrinho e uma cabeça pensante em cima do pescoço — pensantes o suficiente, ao menos, para discernir que magreza negativa é uma equação burra e feia.

Há muito precedentes, mesmo em carreiras que exigem o tal do corpo perfeito, ainda que seja inviável definir exatamente o que seja isto. No esporte também não é diferente, mas as exceções existem, graças a Deus. A levantadora de vôlei Suellen, atualmente jogando a Superliga pelo time paulista do SESI, tem 1,69m e 89 kg, e pode ser considerada uma atleta de elite. A líbero já defendeu a seleção brasileira e, se bobear, tem um IMC (percentual de gordura) igual ou menor ao de muitas modelos. A balança informa o peso, não a taxa de gordura de uma pessoa, é bom que se esclareça.

Na Renascença, onde as mulheres, digamos, fartas, eram

o modelo de beleza, nossas Bündchens e Naomis, além de várias estrelas globais, seriam desprezadas, e provavelmente teriam de encher o bucho para inspirar um Botticelli ou um Casanova sedutor. Hoje, vivemos tempos insanos, em que meninas de 17 anos já frequentam clínicas de cirurgia plástica em busca de lipoaspiração, sem sequer saber as consequências disso.

Certamente, se o parâmetro de beleza fosse o interior das pessoas, muita coisa seria redefinida, e entre os incluídos e os excluídos haveria diferenças bem mais abissais. A tela da TV engorda em cerca de quatro quilos a silhueta das pessoas, mas jamais ouvi dizer que gente interessante algum dia chegou a se importar tanto com a estética.

Saúde é uma coisa; cultivar a magreza a todo custo, outra, totalmente diferente. E agora passível de multa nas passarelas parisienses, onde utopias da mulher perfeita inspiram bonecas tão disformes quanto elas mesmas.

Coitados de nossos filhos e filhas.

A ARTE ZEN DE MORAR SOZINHO

Você começa a se dar conta de que está morando sozinho quando vai tomar um café da manhã na casa da sua mãe e a elogia de forma surpreendente:

— Pôxa vida, mãe, o teu café com leite continua igualzinho. O melhor do mundo.

E, com um sorriso nos lábios, ela dispara:

— Meu filho, eu agora só uso Nescafé e leite em pó — acabando com algumas das suas últimas ilusões de permanência.

Você volta pra casa sem fome, acarinhado, mas desiludido, mas é recebido pelo seu cachorro que lhe faz uma festa e você logo esquece as confusões matinais.

Meus caros, morar sozinho exige jogo de cintura, *savoir faire* e uma disciplina que controle o seu comportamento. Caso contrário, todo esse projeto pode ir por água abaixo, e, caso sua mãe ainda te queira, você terá que voltar para tomar o Nescafé com leite em pó em todas as manhãs de sua vida.

Admito que saí de casa cedo, e impulsionado pelos motivos errados. Ou seja, era aquele garotão cheio de hormônios, com um apê mais ou menos decorado — nada daqueles móveis com cheiro de naftalina que a avó paterna te deixou — que resolveu dividir as despesas com um amigo, e achava que ia viver de festas, orgias, e uma amizade daquelas de propaganda de cartão de crédito.

Não, nada disso aconteceu. Não houve festa alguma. A relação com meu amigo se estremeceu a ponto de ele sair da minha casa e da minha vida, e me vi tomando um chute na bunda da minha namorada e alma-gêmea original e demitido da *Revista Geográfica Universal*, meu primeiro emprego, que eu, inocentemente, achava que seria eterno.

Consegui sobreviver com meu fundo de garantia até encontrar outro emprego, já que naquela época isso era possível e até provável. E aos poucos fui me adaptando à vida no Flamengo, bairro da Zona Sul que achava bem menos nobre que Copacabana, onde minha família morava.

Eu era tão bocó que quando andava pelo Largo do Machado, o bairro ao lado, procurava me esconder atrás dos pedestres para que nenhum amigo me reconhecesse. Hoje sou amigo até do fruteiro da rua, mas prezo minha privacidade mais que tudo. Até porque sei desfrutar da minha própria companhia, coisa que pouca gente sabe, e convivo bem com a solidão.

Passei pela fase de solteirão bobão e me tornei um solteiro quase digno. No começo, me achava o rei da cocada preta, usava o meu apê como uma espécie de *garçonnière* de luxo, para as meninas que, antes, levava ao Piraquê, clube do qual sou sócio, para, digamos, uma "pesquisa de marketing" (que horror). Depois me cansei dessa vida, e ando até hoje procurando alguém com quem eu queira despertar junto, não apenas ir para a cama tendo que borrifar a casa de Azzaro. Ih, fiquei até enjoado.

Morar sozinho implica em três prazeres, não necessariamente nesta ordem: beber água no gargalo, fazer xixi com a porta aberta e andar peladão, mesmo com a sala carecendo de cortinas. Ah, e sou dono do meu nariz e de tudo o mais, e quase pago as minhas contas. Eu, hein!

A verdade é que aprendi a lidar com a solidão. É um bocado diferente. Não estou necessariamente solitário, apenas sozinho. E não precisa ficar com pena de mim, não, quando você me encontrar esparramado num canto do cinema. Gosto de estar só comigo, e não saio por aí atrás de qualquer bunda, falante ou muda, apenas para desfilar chatice.

De quebra, adotei um cachorro, Noel, que virou anjo.

Depois dele veio o moleque Guru, um *piccolo* marginal que me enche de carinho cada vez que chego em casa. Ter um parceiro de quatro patas, aliás, seria impensável na casa de mamãe, uma neurótica por limpeza e decoração. Até hoje tenho pesadelos com a enceradeira sendo passada lá em Copa às cinco da manhã.

Desfrutar do meu próprio convívio é um dos legados que a minha juventude me deixou, e sabe do que mais? Se der vontade de tomar aquele café com leite da mamãe, vou à padaria do quarteirão, peço uma média com um pouco mais de leite e um impagável pão na chapa.

O JARDIM DAS CEREJEIRAS

O ritmo frenético em que vivemos nas metrópoles e cidades do mundo inteiro está deixando as pessoas literalmente à beira de um ataque de nervos. Ainda assim, há quem prefira os néons, as sirenes de bombeiro e os infindáveis engarrafamentos aos momentos de paz e até mesmo de clausura e silêncio.

Ambos recarregam as energias e dão uma sensação de bem-aventurança inexplicável. Especialmente em tempos como os de hoje, em que não levamos em consideração que os dias são longos, mas a vida é curta, e por isso não temos tantos motivos assim para correr desenfreadamente e sem direção.

Há milênios os orientais descobriram que a meditação, por exemplo (não pensar) é uma prática das mais salutares. E que minutos de meditação equivalem a horas de sono bem dormidas. Mas parece que só agora, com o aval e o carimbo da Medicina, profissionais de saúde aderiram à prática, levando seriamente em conta seus resultados em todos os tipos de diagnósticos.

Um terapeuta holístico chegou a me contar que viu e acompanhou um médico promovendo a meditação no oitavo andar de um hospital em São Paulo e, minutos depois, soube da melhora de pacientes terminais nos andares abaixo daquele em que a meditação foi praticada.

Em tempos em que até a Globo faz campanha para nos convencer de que menos é mais — ainda que seus atores e demais profissionais continuem numa rotina insana —, meditadores, como discípulos de gurus iluminados, já desencarnados ou não, meditam em suas respectivas residências, em templos e retiros em que se cultiva o falar pouco, o silêncio, a atenção plena, simplicidade e desapego, entre outras qualidades.

E ainda há quem crie alternativas, mesmo em cidades caóticas, onde é difícil imaginar que se possa encontrar um cantinho de paz.

Na Índia, em Bollywood, na movimentada cidade de Mumbai, a cineasta Mira Nair, que filmou o sucesso "Casamento à Indiana", realizou um documentário chamado "Clube da Gargalhada e do Riso". O filme acompanha pessoas que começavam a se aglomerar em praças públicas da cidade indiana para rir, sorrir e gargalhar, sem motivo aparente; e conclui que essa prática produzia hormônios antidepressivos que funcionavam como instrumentos naturais e biodegradáveis do organismo, substituindo ansiolíticos e similares.

A prática de sorrir, mesmo para quem tem problemas aparentemente enormes, acabou se espalhando por países da Ásia, e hoje é um sucesso digno de exportação para o mundo ocidental.

Por falar em clube, o canadense David Gilmour publicou um livro intitulado *Clube do Filme*, baseado em fatos reais. Nele, um pai decide criar uma nova opção de estudo para o filho rebelde: propõe ao adolescente que, ao invés de estar matriculado e faltar à escola que tanto rejeitava, durante um período assistisse a filmes com o pai e discutisse sobre as respectivas histórias. Do Neorrealismo a *blockbusters* ambos acabaram crescendo como indivíduos, e redescobrindo o famoso e tão explorado sentido da vida. De quebra, o menino voltou a tomar gosto pelos estudos acadêmicos.

Nada disso se compara aos jardins das cerejeiras, que florescem apenas uma vez por ano por poucos dias em Tóquio, uma cidade como outra qualquer e que vive à custa da pontualidade de seus trabalhadores exemplares, todos *workaholics*. Me permiti parar para ver a reportagem; desisti de ir à academia de ginástica, troquei de roupa e parei para assistir à TV, e pude testemunhar o acontecimento que é, para os japoneses, a floração das cerejeiras, que dura apenas uma semana. Todos param para fotografar — claro, são japoneses — e passear de barco em lagos e rios próximos às árvores. Famílias risonhas se reúnem em plena segunda-feira ao redor dessas árvores, sorrindo e, pasmem, fazendo gestos eloquentes de quem está de bem com a vida.

Ou seja, é preciso parar. Nem que seja por alguns minutos. Pois é ali, na paz dos desapressados, que algo ocorre algo parecido com a felicidade e o bem-estar.

Dezoito meses para amar

"Trago pessoa amada em dezoito meses" — esse anúncio de profeta colado no poste da esquina, pode, em breve, estar nos consultórios médicos: pesquisas científicas acabam de descobrir que os homens, em especial, nascem com uma combinação genética que os torna capazes de se apaixonar à primeira vista por uma indistinta mulher. Mas esse sentimento tem prazo de validade: o cortejador tem cerca de 18 meses, ou um ano e meio, para seduzir a respectiva. Caso contrário, os laços entre ambos não se solidificarão.

Em tempos tão escassos de amantes trocando olhares, especialmente quando se conhecem no mundo virtual, é bom saber que o amor romântico está em alta, mesmo que a referida pesquisa ainda esteja em curso na Europa.

O problema, se é que para muitos isso é um problema, é que os estudos apontam apenas para a paixão, e não para o amor. E aí o buraco é mais embaixo.

Aliás, nem é de hoje. O escritor francês Stendhal, no longínquo século 19, já citava em seu livro *De l'amour* uma palavrinha mágica: "cristalização". Somente as pessoas que estiverem dispostas a cristalizar um sentimento, mesmo depois que o coração pare de bater mais rápido, o frisson termine e o frio na espinha acabe, podem se dar, segundo o escritor, a chance de amar. Ora, Stendhal defende que é exatamente no ponto em que grande parte dos casais acha que já está tudo terminado, e quer partir para outro relacionamento, que se perde a grande oportunidade do amor, de se cristalizar um sentimento muito mais forte que a efêmera paixão, genuíno e duradouro.

No romance *Tristão e Isolda* existem duas mulheres, a Isolda do Castelo e a Isolda das Mãos Brancas. Enquanto esta última é, alegoricamente, aquela mulher perfeita e maravilhosa, que temos de nos contentar em levar em silêncio dentro do peito até o final de nossos dias, a outra, Isolda do Castelo, é a mulher real, com defeitos e virtudes, que passa de tempos em tempos por nossas vidas mundanas e com quem podemos manter uma relação feliz e não perecível.

Mais para a contemporaneidade, também encontramos na literatura do "imortal" Autran Dourado, em *Confissões de Narciso*, a história de um casanova que conquista uma mulher atrás da outra e só no final do livro descobre — ou redescobre, se o leitor assim preferir — o amor genuíno. O livro foi publicado em meados do século 20, mas, mesmo assim, trata do tempo do amor da Renascença, em que o coração é associado às artimanhas de Cupido e não a um órgão anatômico do corpo humano.

A conclusão que podemos tirar, sem a pretensão de esgotar o assunto, é que séculos depois de Stendhal, e mesmo com as descobertas recentes da Medicina, ainda não sabemos, ou melhor, poucos de nós sabem valorizar o equilíbrio de uma relação mais estável como o amor; e reconhecer que a estabilidade de tal sentimento traz um contentamento maior e mais definitivo do que dar cabeçadas na parede atrás da próxima ilusão amorosa, a danada da paixão, que acontece à primeira vista, literalmente. Ou seja, no quinto de segundo de uma piscadela. Pena que este sentimento vá embora quase tão rápido quanto chega.

Tornar-se podre

Mulheres, futebol e carros não são mais o que se vê como tema do dia nas rodas de conversas informais, de taxistas, por exemplo, ou as que ouvimos quando vamos à padaria tomar nosso café da manhã, cada dia mais caro. O assunto da moda nesse quase final de verão, se assim podemos dizer, é a tal da corrupção, do verbo corromper, que significa "tornar podre", vindo do latim *corruptus*, que também quer dizer "quebrado em pedaços".

O fato agravante é que aqui só se fala em corrupção nos movimentos partidários, e quando ela nos agride, quando somos prejudicados no bolso. Na moral e na ética não ouso me meter. O buraco é mais embaixo.

E o que seria engraçado, se não fosse trágico, é que a falta do que deveria ser uma norma de caráter simples, como dar bom dia e pedir por favor, tornou-se norma comum entre nós: corruptos covardes e corruptores não assumidos.

A mídia, especialmente a furiosa das redes sociais, não livra a cara de nenhum engravatado, mas no Facebook também se corrompe. Quando alguém se propõe a "opinar publicamente", passa a influenciar as pessoas, mostrando ser essa uma das facetas mais podres da nossa sociedade e composta de cada um de nós, com gravata ou sem, com camisa ou sem, na Câmara ou na praia, no Senado ou no cinema, no trono do Império da Presidência ou na cadeira do barbeiro amigo.

Pode ser que hoje vejamos no Jornal Nacional a história do taxista que achou uma carteira recheada de dinheiro e a entregou ao dono. Ora, bolas. O óbvio, o normal, o bom senso se tornou matéria especial de jornal, alvo de elogiosos comentários em família, entre uma colherada de pudim e uma crítica ao governo.

Agora reflitamos, em nossas caras sem vergonha: imaginem se em tempos como esse, em que a banana já não está a preço de banana, muitos críticos dos engravatados, engomadinhos de uma legenda repleta de consoantes, não reteriam se pudessem o seu recheio, para garantir o leitinho em pó das crianças e a churrascaria da família.

A corrupção começa lá atrás, quando negociamos o castigo com nossos filhos. Pior, quando mordemos o seio farto de nossas mães para implorar mais leite, uma chantagem corruptora sem tamanho: ou você me dá o que comer ou mordo seus peitos com mais força, ou eu saio do castigo e ganho aquele jogo virtual em que se mata velhinhas em poças de sangue de mentirinha, ou continuo jogando os móveis do meu quarto pra lá e pra cá, ou ganho algo ou recuso o Sustagen, desvio a boca do aeroporto dos aviõezinhos. Isso, bom nome para descrever a íntima relação entre os corrompedores ativos e os corrompidos passivos, pois ambos se sustentam, desde pequenos gestos arbitrários e reconhecidamente errados até grandes trocas desonestas de proporções de uma estatal, por exemplo.

E não fiquemos constrangidos nem queiramos livrar nossas caras barbeadas e cheirosas. Quando não me encaminho entre as cordinhas do metrô, para entrar numa fila única e pagar por um reles bilhete único, estou agredindo um sistema, dantes elogiado, naquela viagem à Suíça, com dinheiro sabe-se lá de que forma juntado.

E não me venham com essa de que quando há pouca gente a falta de respeito se justifica. Não. A lei está aí para todos, e deve ser cumprida, em prol da organização justa e democrática.

Pois é. Querendo ou não, somos todos corruptos, meus caros, e não adianta virar a cara, pois o outro lado também está corrompido. Além, é claro, da sensação de que todos foram convidados para a mesma festa. Menos nós.

Cartas que não chegam mais

Nunca mais recebi uma carta. E-mails, aos montes, mas abrir uma carta era quase tão gostoso quanto abrir um pacote de figurinhas na infância. Especialmente aquelas num papel com o nome dela, cheiro de perfume e florezinhas mal desenhadas no canto.

Não sou o único a cultivar essa nostalgia. A tecnologia, inevitável progresso, diga-se de passagem, acabou com um dos luxos de amantes, eruditos, pensadores, filósofos, qualquer um que pensasse lúdico. Afinal de contas, escrever uma carta requer maior atenção, comum no próprio processo, e desperta uma ansiedade gostosa em quem a espera. Não é algo automático e frio como as centenas de e-mails corriqueiros que recebemos diariamente ao chegar em casa, antes de tirar os sutiãs e/ ou afrouxar as gravatas.

A história está recheada de cartas trocadas em sigilo e com os mais variados sentidos, em épocas distintas da humanidade, algumas delas de valor inestimável.

O poeta Federico García Lorca, autor de *Bodas de Sangue*, que lutou contra o franquismo, viveu um "romance proibido", com o pintor surrealista Salvador Dali, entre 1923 e 1936. Dali, em cartas apaixonadas, declarava o seu amor pelo jovem poeta com quem costumava se corresponder em suas férias de verão, em Granada, na Espanha.

Antes desse amor epistolar entre dois gênios da criação artística, outro conturbado romance foi registrado através de cartas, entre a artista plástica Camille Claudel e seu amante Auguste Rodin, escultor de "O Pensador", uma das obras mais famosas de todos os tempos. Apaixonada e um tanto fora de si, sentindo-se explorada como pupila e como mulher em seu romance idílico do final do século 19, Claudel escrevia cartas dignas de uma tragédia dostoievskiana. Nos trinta anos finais de sua vida, admitiu que o desprezo de Rodin a fazia sentir como se estivesse no "exílio".

Mas o papel e a caneta não testemunharam apenas casos amorosos. Em *Carta ao Pai*, Franz Kafka — autor de *A Metamorfose*, entre outros clássicos — teve a coragem de colocar no papel todo o sentimento de humilhação e repressão que lhe causava seu pai, Hermann Kafka, com quem sempre manteve uma relação tirânica de vítima e algoz. O leitor mais acurado poderá constatar que, mesmo publicado postumamente, o livro será sempre um dos mais pungentes ajustes de contas entre Kafka e seu genitor.

Mesmo atualmente, em tempos de internet a "todo vapor", há quem cite as cartas trocadas no passado para justificar um pensamento ou ideologia. É o caso do educador Mario Sérgio Cortella. Sabatinado no programa Roda Viva, da TV Cultura, a respeito da polêmica lei que vai alterar ou não a maioridade penal, Cortella disse que como pedagogo sempre acreditou que o ser humano é recuperável, e citou cartas em que Einstein questionava Freud (isso mesmo, os dois se conheceram) acerca da intolerância humana. "Einstein não se conformava com a visão de Freud, segundo o qual nem todo ser humano é recuperável, e não só escreveu uma carta, como também um artigo sobre o assunto", informou Cortella, que não concorda com a lei que pune menores de idade da mesma forma que adultos. O que, em pleno século 21, o aproxima das ideias humanistas de Einstein.

O filme "Nunca te vi, sempre te amei" também mostra como a prosa posta no papel de carta pode aproximar dois cidadãos que nunca se conheceram e viviam em países distantes. Durante 20 anos, uma escritora americana se correspondeu com o gerente de uma pequena livraria em Londres, ela nos Estados Unidos e ele na Inglaterra. O romance é carregado de sentimentos platônicos, mas isso não impede a intimidade do verossímil casal. Se vivessem hoje, provavelmente trocariam o charme do platonismo pelo provável sexo na rede. Não dá para saber se seriam ou não felizes para sempre, trocando as florezinhas no canto do papel por emoticons amorfos e sem graça.

E como na internet não existe economia de papel, não poderia deixar de citar *Cartas a um Jovem Poeta* (1903), correspondência entre o alemão Rainer Maria Rilke e o jovem Franz Kappus sobre a arte de escrever e outros temas de reflexão.

Pois é, que saudades do charme das cartas, de poder com um estilete nas mãos liberar a excitação e aspirar o perfume dela nas bordas. Mas cadê o carteiro que não chega nunca?

Cama induzida

Rogério estava acabando de dar a primeira volta no Papaiz para fechar a porta de fora e, mesmo inconsciente, abaixar as meias para mais um treino de judô, ou malhação, ou corridinha, ou mandarim — o curso da moda entre os formandos da Fundação Getúlio Vargas —, ou quem sabe até fugir da casa da namorada, que deixava a pasta de dentes aberta a 10 m de distância da respectiva tampinha, quando ameaçou ter um piripaque. Ficou meio tonto. O coração quase saiu pela boca, mas isso era o de menos. Desde que tinha visto a versão original de "Saramandaia" e sofrido sua primeira desilusão afetiva com uma boneca sueca, criara o hábito de regurgitar seu coração. Já estalar o pescoço e os dedões dos pés eram hábitos mais antigos.

Rogério já não era nenhum adolescente com a mão cheia de pelos. Ainda assim, vivia com seus fetiches pra lá e pra cá, feito feiosas quarentonas que acham que andar de skate é sinônimo de "estar na moda". Bom. Mas seus fetiches não eram sexuais, como seria de se imaginar, nada disso.

Ele gostava *merrrmo* era de um estilo de vida meio encardido, uma mistura de Bat Masterson, Daniel Boone, *On the road* e "até nunca mais, mamãe" — a frase é meio escrota, mas ele costumava repeti-la por boa parte do dia, como se fosse uma espécie de mantra de desligamento do cordão umbilical.

Explico. Kerouak, por exemplo, um dos maiores mentores da Geração Beatnik, aprontava das suas em viagens América afora, mas sempre voltava para o colo da progenitora. Nesse sentido, temos de nos curvar, queiramos ou não, às desventuras de um legítimo Bukovski insalubre, doze anos.

Bom senso não era decididamente uma das qualidades predominantes de Rogerinho — como era conhecido desde os tempos em que frequentava o Caiçaras e as memoráveis peladas, na promissora adolescência. Preferia sair driblando todo mundo e perder o gol ululante a simplesmente chutar pra rede com as traves já sem goleiro.

Não tinha jeito. Ele gostava do mais difícil. E por isso ninguém nunca o entendeu.

E por sua vez ele nunca entendeu por que ninguém não o entendia. E assim seguiu, junto à sua sombra nos dias de sol e uma puta dignidade puxada pela coleira.

Depois de fugir completamente do assunto, só pra sacanear e curtir com o cara do prédio em frente, aquele que finalmente aprendeu a tocar o repertório do *Blue Note* no saxofone, Rogerinho sentiu que tinha acordado com os dois pés esquerdos naquele dia. Voltou ao seu escondidinho meio batizado da Sadia onde costumava se refugiar, sentou-se no porcelanato branco, com uma perna esticada sobre o pufe que um amigo grafiteiro tinha pintado com a cara do Johnny Bravo, e viu tudo rodando, como uma Samsara caleidoscópica que "sai dos trilhos".

A pizza, mofada na ponta, repousava em cima do abajur lilás; o short molhado fugiu de detrás da geladeira e o "Sétimo Selo" de Bergman jazia congelado na enorme TV de ectoplasma. A Dama já tinha sido comida pelo Bispo, o que deu a *mó* merda no Vaticano, e o gato se esgoelava, rodando sem parar na máquina de lavar.

Ou seja, as coisas estavam mais fora de lugar do que de costume. Até mesmo aquele boné trazido de Florença, com os dizeres "Estive na Uffizi", estava com a aba pra frente! Enfim, Rogerinho, que já com seus cabelos pra lá de brancos, foi sensato pela primeira vez na vida. E apesar de nunca gostar de ser induzido a nada, decidiu por se autoinduzir à cama — de casal, mas sem casal nenhum. O cara gostava do vazio, e prometeu a si mesmo que só o preencheria com um corpo macio em que habitasse gente dentro.

Factum est que Rogerinho ligou o ventilador — já sem a tampa —, tomou um ovo quente no copinho de ovo quente (ele agora já sabia dos pequenos prazeres do mundo), ficou peladão, mostrou o dedo mal-educado pro vizinho maconheiro que dava para os fundos e mergulhou na cama, com a competência entediante de um atleta chinês de saltos ornamentais.

Rogerinho entrou em cama induzida. Já faz um mês e nove dias que ninguém sabe notícias dele, ou sequer o vê, mas todos nós sabemos que ninguém nesta vida é insubstituível.

É isso, podem sair que acabou, gente.